U0070396

終結對愛的抗拒

ENDING
OUR
RESISTANCE TO LOVE

肯尼斯‧霍布尼克博士（Kenneth Wapnick, Ph. D.）◎著

阮靖茹　若水◎合譯

《奇蹟課程》國際通用章節代碼

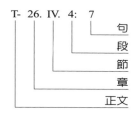

T- 26. IV. 4: 7
- 句
- 段
- 節
- 章
- 正文

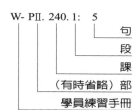

W- PII. 240. 1: 5
- 句
- 段
- 課
- （有時省略）部
- 學員練習手冊

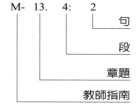

M- 13. 4: 2
- 句
- 段
- 章題
- 教師指南

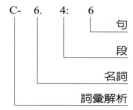

C- 6. 4: 6
- 句
- 段
- 名詞
- 詞彙解析

T → 正文

W → 學員練習手冊

M → 教師指南

C → 詞彙解析

P → 心理治療──目的、過程與行業

S → 頌禱──祈禱、寬恕與療癒

目　次

寫在「肯恩實修系列」之前／若水 ·· 5

前言 ·· 13

誌謝 ·· 16

1　抗拒 ·· 17

2　正視抗拒 ·· 29

3　耶穌的角色 ·· 51

4　《奇蹟課程》的角色 ·· 69

5　結語 ·· 78

附錄一　抗拒 ·· 81

附錄二　潛水者 ·· 98

寫在「肯恩實修系列」之前

若水

（一）

　　《奇蹟課程》的筆錄者海倫與此書的愛恨情結，已是眾所周知的事。因她深曉這套訊息的終極要旨，也明白自己一旦接納了這一思想體系，她的小我，連帶積怨已深的怒氣，就再也沒有存活的餘地了。因此《奇蹟課程》出現一個很怪異的現象，它的筆錄者千方百計想與它劃清界線，直到肯恩（肯尼斯）的出現，才把海倫又拉回《奇蹟課程》的身邊。

　　肯恩是海倫與比爾的密友，由於互動頻繁，比爾乾脆在辦公室為肯恩添置一張辦公桌，可見他們交往之密。

　　肯恩一接觸《奇蹟課程》，如獲至寶，他反覆地研讀，凡遇不明處，必一一請教海倫。他深覺這份龐大的資料，有重新編校的必要，因它不僅夾雜著私人的

對話，許多章節標題與內文也不相符，全書的體例和格
式，如標點、大小寫、段落等等，乃至於專門術語的用
詞，每每前後不一。比爾與海倫也深有此感，只是比爾
生性不喜校訂工作的繁瑣，這工程便落在海倫與肯恩身
上。主事者自然是海倫，即使是大小寫的選擇，或詞句
的還原（海倫筆錄的初期曾故意改掉她不喜歡的詞彙，
但她也很清楚自己擅自改動的部分），都有待海倫與
「那聲音」確認後才能定案。

（二）

比爾曾說，海倫筆錄時的心態有顯著的「解離症
狀」（dissociation），她內心的「正念」部分十分清楚
「那聲音」所傳授的訊息，筆錄內容才會如此純正，不
夾雜個人的好惡傾向（當然，除了她早期的抵制手法以
外），但她的「妄念」部分也堅守防線，且以各種奇怪
的方式，不允許自己學習這套《課程》。肯恩在海倫的
傳記中提到當時的有趣情景：

> 我們常常窩在她家客廳的沙發上進行校訂，海
> 倫總有辦法陷入昏睡，每當討論到一半時，我

向左邊一瞧，海倫已經倒在沙發的另一角了，她一向警覺的大眼睛閉得緊緊的。在她陷入昏睡前，她還會哈欠連連，下頜骨開開合合，頻繁到讓她說不出話來。又有好幾次校訂時，她開始咳嗽，咳得又兇又急，喉嚨好似有什麼異物，想吐卻吐不出來。碰到這類情形，海倫就會放聲大笑，笑得眼淚都流出來，她很清楚這是小我的抗拒。我們就在哭哭笑笑、咳嗽哈欠的交響樂中繼續修訂的工作。（暫別永福/暫譯 P.361）

海倫的心靈，在某一層次，當然了解那聲音所傳的訊息，但她的小我真的不想知道。她偶爾會這樣向肯恩要賴：

在校訂過程中，每隔一陣子，海倫就會故意裝傻。當我們唸完一段比較艱深的文句後，海倫就會大笑，聲稱她完全不懂這一段話究竟在講什麼。我只好一句一句地解釋，我突然發覺自己落入一種相當荒謬的處境：我竟然在向一位心裡其實比任何人都清楚這部《課程》的

人解釋此書的深意。**而我講解《奇蹟課程》的生涯，可說是從這一刻開始的。**（暫別永福 P.361）

自這一刻起，肯恩開始了他講授《奇蹟課程》的生涯，四十年如一日，同一形式，同一內涵，同一個小小基金會，從無擴張之圖，更無意行腳天下，他只是默默地履行他對耶穌的許諾。

由於早期的奇蹟學員多數都有自己的專業或信仰，他們往往習慣把《奇蹟課程》融入個人本有的思想體系。唯有肯恩，毫不妥協地堅守《奇蹟課程》最純淨且究竟的理念，修正當時所流行的各種詮釋；於此，他實有不得已的苦衷。因為海倫當年認為，這套思想體系如此究竟又絕對，可說是推翻了一切人間幻相，根本不適合大眾閱讀；在她心目中，此書只是給他們五六個人的。沒想到，此書一到了裘麗（Judy Whitson）手中，就如野火一般，瞬即燃燒出去。海倫曾跟裘麗說：**「這部書將來會被傳誦、解說成令你簡直辨認不出這是《奇蹟課程》的地步。」**為此，那批元老曾想成立「死硬派核心團體」（hard core group），忠實傳達《奇蹟

課程》的核心理念，絕不為了迎合大眾的需求而將它摻水、軟化，任它淪為人人都能接受的「方便法門」。然而，海倫本人從心底害怕這套思想體系，比爾當時又有個人的難言之隱，兩人都拒絕扮演奇蹟教師或專家的角色；最後，肩起這一重任的，唯獨肯恩。

（三）

肯恩的教學特色就是「用《奇蹟課程》的話來詮釋《奇蹟課程》」。他最多只會引用自己喜愛的佛洛依德、尼采、貝多芬作為開講的楔子，一進入理念的層次，就全部引用原書作為實證。不論學員問哪一層次的問題，他只有一個答覆，就是「**讓我們看看《奇蹟課程》是怎麼說的**」，基於他博聞強記的能力，他會隨口告訴你，「請翻看第幾頁第幾段」。

肯恩從小就有口吃的毛病，然而他絲毫不受語言的障礙，謙和而誠懇地從三十多歲的青年講到如今的白髮蒼蒼，終於折服了各據山頭的奇蹟群雄，成為眾所公認的奇蹟泰斗。

綜觀肯恩的學說，四十年來反覆闡述的，其實只有

這一套理念：

——問題不在外面！金錢不是問題，性慾也不是問題，你的親子關係或親密關係更不是問題，因為你眼中的世界根本就不是真的，只是你編織的夢境而已。

——過去的創傷不是問題，未來的憂懼也不是問題，因為時間根本就不存在，那是小我向你心靈撒下的瞞天過海的大網。

——你若一味向外尋求答案，或把問題推到過去未來，你便徹底錯失了此生的目的。但請記住，這不是罪，你只是「懂錯了」，你最多只會為它多受一些無謂之苦而已。

肯恩的解決之道也說不上是什麼「妙」法，他只是藉由不同事例而重申《奇蹟課程》：「觀看、等待、不評判」的原則。

——只要我們不再害怕面對自己內在的兇手（小我），以耶穌的慈愛眼光諒解小我「不得已」的苦衷，便不難看清它的防衛措施下面所隱藏的真相。於是，作繭自縛、自虐自苦的傾向自然鬆解，我們便有了「重新

選擇」的餘地。

　　——然而，很少人眞有勇氣面對自己隱藏在無辜面容背後的兇手，這是人們最難跨越的心障。

　　肯恩花了整整四十年的光陰，就是教我們如何去「看」而已。這一道理雖然不難明白，但人心豈肯僅僅「觀看、等待、不評判」！這一解決方案可說是把小我逼入了絕路，它是寧受百千萬劫之苦也無法接受這種「出路」的。爲此，肯恩繼續苦口婆心地講下去，直到有一天，我們豁然領悟，《奇蹟課程》的奇蹟原來是在「寧靜無作」中生出的。

（四）

　　正因肯恩學說毫不妥協的精神與一成不變的形式，過去這些年，奇蹟資訊中心也不敢貿然出版他的書。於是，我先嘗試以研習的方式，把他的思想架構圖介紹給學員，再逐步出版一些導讀與傳奇故事，爲肯恩的書籍鋪路。在這同時，我也展開培訓奇蹟譯者的計畫，從肯恩的簡短問答下手，讓資深學員熟悉他的邏輯理念與風格，「奇蹟課程中文網站」的內涵也因此而更加充實齊

備。經過多年的準備，奇蹟讀者終於食髓知味，期待讀到肯恩書籍的呼聲也愈來愈高了。

而，我們也準備好了。

肯恩將他所有書籍的中文版權都託付給我與奇蹟資訊中心，我們也兢兢業業地肩起他的託付，我逐步邀請學養兼備的奇蹟學員與我攜手合作，藉由翻譯的機會（形式），學習寬恕（內涵），在相互修正的微妙互動中，化解小我視爲命根子的特殊性。我們只有一個「共通的理想」，就是把原本只是演講的記錄，提升爲精確又流暢的中文作品。而我敢驕傲地說，我們做到了，譯文的文字水平甚至超過了原書。

我常說，當學生準備好時，老師便出現了。在此感謝所有華文譯者與讀者，是你們多年來在自己心靈上的耕耘，促成了這套「肯恩實修系列」的問世因緣，使奇蹟理念得以以它最純粹、最直接，也最具體的形式呈現在我們的眼前。

（若水誌於星塵軒 2012.5）

前　言

　　2003年7月我到亞特蘭大授課，其中一場為期四天的研習主題是「從小我到真我的旅程」，另一場是週末工作坊，主題為「人間：是囚牢還是教室」。課程的主辦人奧麗薇亞‧史考特（Olivia Scott）平時也主持幾個常態性的奇蹟課程讀書會，她請我在開課前一週為其中一個讀書會演講，時間兩個小時。這個讀書會正在共修我的著作《歸鄉之路》〔譯註〕，此書探討「邁向平安的四個障礙」，讀書會剛好進行到第十一章，這章討論的正是《奇蹟課程》〈正文〉第十三章第三節「對救贖的恐懼」，際此因緣，奧麗薇亞希望我跟大家談談這個章節。兩個小時的交流雖然有錄音，但是錄音品質欠

〔譯註〕《歸鄉之路》（暫譯）（*The Journey Home*）　1987年初版，集　　　結〈正文〉第十九章有關四個「平安的障礙」的問答和討論而　　　成。2000年重新出版，除了增加兩個章節闡述理論架構和書末的　　　結語，　並在原本的問答和討論裡附上《奇蹟課程》的引言。

佳，不適合正式發行。倒是其中一位學員珊蒂·艾考克
（Sandy Aycock）根據錄音聽打，完整記錄了我的演講
內容。

　　奧麗薇亞把演講記錄寄給我，同時建議出書。我讀
了珊蒂忠實且出色的記錄之後，欣然同意了。我很喜歡
那天的兩個主題，「我們對救恩的抗拒」以及「和耶穌
一起觀看來化解抗拒」，兩者前後呼應，相得益彰。我
決定將這篇記錄和《燈塔通訊》〔譯註〕兩篇主題相同
的文章集結成冊，以饗讀者，相信對於《奇蹟課程》宗
旨的了解，有撥雲見日、直指核心之助益。

　　演講的內容經過編輯以後更適合閱讀，除了一些觀
念的增補，還適時插入《奇蹟課程》的引文，加深讀者
印象。但在同時，本書也保留了當天輕鬆的討論氣氛，
以及聚會中臨場回應的問答紀實。

　　我們在書中深入探討研讀及操練《課程》所面臨的
核心障礙：不願意放棄小我。附錄的兩篇文章原刊於

〔譯註〕《燈塔通訊》（*The Lighthouse*）　奇蹟課程基金會發行的季
　　　　刊，內容著重於闡述《奇蹟課程》的思想，分享基金會推行《課
　　　　程》的理念和相關活動與出版品訊息。

《燈塔通訊》，也是針對同一主題的系列論述。附錄一〈抗拒：要怎麼讀《奇蹟課程》才**學不會**〉，文中借用佛洛依德的觀點來剖析「抗拒」的心態，並具體套用在奇蹟學員的學習過程。附錄二〈潛水者〉，標題取自弗里德里希・席勒〔譯註〕優美的敘事詩，進一步探究抗拒更深一層的起因：一直以來，我們害怕面對小我思想體系的罪咎與憎恨，然而說穿了，隱藏在這恐懼底下的，是我們根本不想憶起聖愛與自性。

〔譯註〕弗里德里希・席勒（Friedrich Schiller, 1759~1805）　德國詩人，哲學家，歷史學家和劇作家，是德國啓蒙文學的代表人物之一，被公認爲德國文學史上地位僅次於歌德的文學家。

誌　謝

　　在此，我要特別感謝奧麗薇亞，她的熱誠不但促成了亞特蘭大之行，也是本書成形的推手。感謝珊蒂，她的聽打記錄為本書提供了基本架構。最後，要感謝奇蹟課程基金會的發行經理蘿絲瑪琍‧羅薩索（Rosemarie LoSasso），本書能夠順利付梓，她的用心編輯，功不可沒。

1 抗拒

　　我就以《歸鄉之路》第十一章的主題「對救贖的恐懼」開始這次的講述。這一章談的是邁向平安的第四個障礙，也是「最後一個障礙」中的一段，文章從「對愛的恐懼」談起，爲「揭開面紗」的境界鋪路；而討論四個「平安的障礙」的高潮，即是「對上主的恐懼」。〈正文〉第十三章第三節「對救贖的恐懼」所描述的恐懼，迥異於《課程》其他章節論及的恐懼。它指出所有奇蹟學員都面對了同一個挑戰：不管修練了《課程》多久，也許幾個月，也許幾年，甚至已經一輩子，然而只要反身自問，就看見自己的所作所爲常常與《課程》教導的背道而馳，依舊好判斷、耽溺於特殊關係，不論是特殊的恨或特殊的愛，和不曾接觸過《課程》的人其實沒有兩樣。唯一的不同，奇蹟學員會感到有負耶穌教誨而心生罪咎。「對救贖的恐懼」這一節就是針對這點而發，因爲它觸及了最核心的「抗拒」。

　　佛洛依德早期透過臨床觀察，發現患者的病情並不因為接受治療而有所改善，這項發現成為佛洛依德「心理分析治療」的理論基礎。根據每次會談的狀況來看，佛洛依德原以為患者會逐漸好轉，然而結果卻不如預期，這令他大惑不解。直到有一天一位患者講出自己的夢，他才茅塞頓開。原來，這名病患在夢裡試圖證明佛洛依德的治療無效。起初，佛洛依德完全無法理解，病患花了這麼多錢和心力，為什麼反過來想證明他的治療無效呢？但是事實擺在眼前，這個病人要的，就是證明他的治療無效。佛洛依德至此恍然大悟：她和其他患者一樣，壓根兒不想被治癒，他們寧願持續精神官能症和自己的一堆問題。這是佛洛依德了解「抗拒」的開端。

　　耶穌在《課程》裡很少直接用「抗拒」這個字眼，但是他一而再、再而三地暗示，我們心裡有一部分並不真想學他的課程。好比〈學員練習手冊〉第一百八十五課「我要的是上主的平安」，他說：「只說這一句話，不算什麼。但真心說出這一句話，則代表了一切。」（W-185.1:1~2）大家口口聲聲說要上主的平安，連無神論者也這麼說。每個人都渴望聖保羅說的「出人意外的

平安」（腓立比書4:7），就是那種不受任何干擾的平
安，不管這干擾出自內心或是外境。總而言之，每一個
人都說渴望寧靜、平安和愛，但卻盡做些讓自己不平安
的事。《奇蹟課程》允諾，只要研讀這本書，接受它
的思想體系，具體活出來，就會體驗到上主的平安，
結果我們發現自己的所作所為往往反其道而行。〈正
文〉第二十章論及「方法與目的之一致性」時，耶穌
說得很清楚，我們老不實踐他提供的寬恕法門，原因是
我們根本不想「憶起上主」。套用莎士比亞《凱撒大
帝》裡凱西斯（Cassius）的話：錯不在命運（《奇蹟
課程》），而在於我們自己。

> 我們已經談過不少關於方法與目的不一致、如
> 何才能讓它們前呼後應、如何讓神聖關係帶給
> 你喜悅諸如此類的問題。我們也說過，完成聖
> 靈目標的方法與祂的目的必然同出一源。這個
> 課程極其簡單而且直截了當，絕無自相矛盾之
> 處。你若感到矛盾，或覺得這一部分似乎比那
> 一部分困難，不過顯示出你的方法與目的在某
> 方面尚未協調一致，才會讓你深感不安。其實

無需如此。這個課程對你幾乎一無所求。這對
你簡直不可思議：它要求的竟然如此之少，而
回報卻如此之大。（T-20.VII.1）

《奇蹟課程》幫我們釐清，我們的不快樂絕非世界
或是某些人造成的，而是我們容許它們騷擾自己。這就
是「抗拒」，我在「對救贖的恐懼」一節裡討論的就是
這個。那篇文章分為兩部分：第一部分談到我們真正害
怕的不是懲罰或天譴，而是救贖，因為我們一旦體驗到
上主的愛，就會一躍而入上主的臂膀，棄世界如敝屣。
第二部分則著重於特殊性，雖然通篇不用「特殊性」這
三個字。我們渴望上主對自己特別青睞，一旦發現祂不
回應，馬上就用你我的形象來取代祂的地位。

在你向上主要求那一「特殊」恩惠之前，你原
本活得平安無事。上主無法答應你的，因為那
種請求對祂完全是不可理喻之事，而你也不可
能真的向深愛聖子的天父提出這種要求的。向
天父要求唯有不仁之父才可能俯允之事，等於
存心把祂變成不仁之父。（T-13.III.10:2~4）

〈正文〉第十六章耶穌再度提到這一心態。我們向

上主要求特殊的愛，既然得不到祂的回應，就只好「自求多福」，自行打造特殊關係。

> 小我暗地裡期待著上主給它某種特殊之愛，特殊關係就是由此而生的，小我之恨也藉此而戰勝了愛。建立特殊關係等於自甘放棄上主的愛，目的是為自己討回上主所沒有給它的特殊性。（T-16.V.4:1~2）

這就是關鍵所在：我們相信這些妄作真實無比，但是在真實之境它根本不曾發生。話說從頭，聖子與天父原本活在完美的一體境界，突然出現了一個《課程》所說的「小小的瘋狂一念」，幻想自己能活在上主之外，成為另一生命。我們一把這個念頭當真，就開始經驗自己好似一個獨立的個體，一個截然不同的人格，還能和上主建立關係！然而，分裂之夢是一個「前所未聞」的奇想，它從來沒發生過，因為這是不可能的事，就這麼簡單。在夢境中，我們營造了一個世界，還造得沸沸揚揚，搞得所有不可能發生的好像都發生了。我們死守著這個信念，相信自己獨立、特殊且獨一無二。這正是一切問題的始作俑者，只要化解它，夢境就結束

了。換句話說，我們所經驗的大千世界，只存在於起點（瘋狂一念）到終點（什麼都沒發生過）之間。

我們在世間的經驗，全然源自我們貪圖一個與眾不同的個體生命——我們喜歡有自己的個性。縱然大多數人，無論身體或心理上，都已經吃盡了苦頭，但是我們仍然緊緊抓著這個自我不放，以為那是我們唯一的生命。真我無法存在於這樣的自我裡，因為真我沒有個別身分或獨立的人格，他除了享有上主的圓滿生命與愛之外，其餘的，一無所有。

一般人都不難經驗到「自我」，相較之下，能夠清晰回溯到「當初構成分裂的那個原始念頭」之人，可就鳳毛麟角了。只要你夠誠實，就可以看到你是多麼沉迷於自己的痛苦，所有過去的傷痛、凌虐、受害、遺棄和背叛等等，不管有多苦，都是構成今日我之所以為我的事件或經驗，形塑了這個已經成年的我。我們歷經嬰兒、童年，特別是青少年時期，經過不同階段，逐漸長大，學會了適應，也接受了世事往往不盡如人意的「現實」，從而形成今日之我。我們很小就懂得發展獨特的自我，這個「自我認同」幫我們在危機四伏的環境中生

存下去，為此，我們把它當成命根子，且不計代價地死守著這個自我。

　　把自我當成寶貝是「對救贖的恐懼」這一節的大前提，如果我們正確地了解這部《課程》，就會看出，此一前提明確地指出了我們學習《課程》必定會經歷重重障礙的原因。至於那些自認為沒有任何障礙的人，其實是因為他們根本沒讀懂或改寫了《課程》而不自知。就好比說，他們並不相信《課程》說「世界是幻相」指的是「這個世界」就是個幻相，我們終將離它而去。他們寧可理解為：只有痛苦是幻，所以要好好操練《奇蹟課程》，耶穌必會幫助我們幸福地活在世上。這才是許多奇蹟學員暗藏在心底的真正願望。也就是說，我們要的是魚與熊掌兼得！我們渴望得救，想要經驗上主的愛，但我們卻企圖在分裂的夢境和特殊性中獲得此愛。我們根本不了解學習《課程》意味著捨棄夢境，進入耶穌的心境，直到最後從夢中完全覺醒。

　　自古以來，這個世界千方百計想把耶穌拉進夢境之中，奇蹟學員至今仍在做同樣的事，想藉他的教導來維護自己的小我，其結果，只不過變成一個幸福、平安、

滿足的小我罷了。也因此，等到我們慢慢明白耶穌所說的「這個自我也是幻相，若要拜他為師，遲早得徹底放棄這個世界」，我們的恐懼和焦慮就隨之而生了。這就是我們對救贖的恐懼。我們寧願有一個釘在十字架上的神，不論那是神學的神、人格神，或是受苦的神，我們寧可要這樣的神，也不要那個不斷提醒我們「什麼事也沒發生，你已經得救了」的神。〈正文〉第十九章第四節「平安的障礙」，用「面紗」形容寬恕的最後一個障礙，耶穌欣然告訴我們，一旦穿越這層面紗，自我就消失了。

> 於是，我們便會一起消失於隱身在面紗之後的
> 神聖「臨在」中；這不是迷失，而是被尋獲；
> 不是被看見，而是被了知。（T-19.IV.四.19:1）

「被了知」在《課程》中等於「天堂」，那兒沒有「自我」這種東西。當我們和耶穌一同穿越最後一層的面紗，就會消失於上主的臨在、基督的臨在和真我之境。我們不再「看成」一個個體，因為「看見」或「知見」和每一個分裂而特殊性的個體一樣，都屬於幻境。

「自我消失了」這一觀點必會挑起我們極深的恐

懼。耶穌如此描述我們立於面紗前的窘境：

> 如今，你戰戰兢兢地立於曾發誓不看的容顏之
> 前。你垂著雙眼，記起了你對那些「朋友」
> 的許諾。罪的「美妙」，咎的「魅力」，死
> 亡的「神聖」蠟像，還有你曾發誓絕不背棄小
> 我因而怕它報復的心態，此刻都會一一現前，
> 命令你不准抬起眼睛。因你明白，你若掀開面
> 紗，看到了愛的聖容，上述那些「寶貝」就會
> 永遠離你而去。你所有的「朋友」，你的「守
> 護神」，你的「家園」都會消失得無影無蹤。
> 從此，你再也記不得此刻所記得的事了。（T-
> 19.IV.四.6）

我們寧可將雙眼垂下，憶起對「小我」的允諾，
也不願穿透面紗，矚目於光明，最後讓自我消融於光
明之中。令我們垂下雙眼的，其實就是「**抗拒**」，因
為我們不願喪失特殊性，喪失自我。下面一段摘錄自
〈心理治療〉，耶穌把抗拒視為小我批判「成長」的伎
倆。小我重新詮釋「成長」，讓我們繼續保有特殊性，
「助長」小我的地位與光環。這樣的「成長」，毫無疑

問地，只會加深我們與小我認同之後所必然滋生的罪咎陰影：

> 病患希望學到的是：怎樣才能無需大幅度地改變原有的自我概念，就能獲得預期的改善。……他把自我奉為一尊神明，死心塌地為它奉獻一生。……小我一向以「抵制」的心態面對問題，它甚至把「抵制」詮釋為一種進步與成長。這種詮釋必會構成曲解，因它根本是一種自欺的幻覺。小我追求的並非真實的改變。它所追求的其實是更深的陰影，一種海市蜃樓。（P-2.in.3:3,6,一.2:4~7）

我們離平安愈來愈近，恐懼和焦慮也會隨之增強，此時，內在會出現一個小小的聲音，我說的可不是那輕柔寧靜的聖靈之音，而是小我之音。其實它的聲音一點也不小，而且成天在我們耳邊叫囂：「我是怎麼跟你說的？你再跟著耶穌那傢伙往前走一步，在寬恕的路上多走一步，在化解過去和放掉怨恨的路上多走一步，你就會徹底消失，不是消失在上主的懷中，而是消失在虛無裡！你快要被消滅了！」頓時之間，恐懼排山倒海而

至，我們垂下雙眼，記起對小我的承諾。疾病、憤怒、怨恨、過去的創傷、對特殊性的幻想，種種苦惱隨即塞滿我們的意識，過去曾經幫我們渡過難關的防禦措施也紛紛出籠，試圖拯救我們。

　　對此，我們如果先有點兒心理準備，對學習會很有幫助，因為我們遲早得面對這一挑戰，事到臨頭，才不至於產生罪惡感，或因而消沉氣憤。你可以輕輕鬆鬆地說：「這些書上都寫了，耶穌也說過會這樣的。果然發生了，沒什麼好驚訝，我更無需內疚，我的心靈畢竟還是分裂的。正念的一部分渴望回家，修練《課程》並且設法活出來。同時，我的妄念依舊認同小我，認同我是獨特的個體。每當妄念將它醜陋的面容轉向我，在我耳邊喃喃說出它的憤怒、怨恨、恐懼、仇恨、失落和痛苦時，我不必感覺訝異。」你已學會如此回應小我：「喔！沒錯，的確如此。我知道你是誰，但是我不怕你了，我不再覺得內疚了。」學會不害怕小我，正是逐漸驅退小我的不二法門。

　　還有一個幫助我們不灰心不退縮的要訣，就是牢牢記得，你的小我不會轉眼之間煙消雲散，你只會慢慢以

比較快樂的我取代不快樂的我。活得多一點喜悅，多一點平安，多一些善意和溫柔；少一點憤怒，少一點焦慮，少一點恐懼和沮喪。這就是《奇蹟課程》所說的幸福美夢。美夢能帶領你來到過渡的「中點」而不是抵達「終點」。《課程》的目的即是把你領入眞實世界。進入眞實世界的關鍵在於認淸美夢也是夢，美夢裡的形形色色皆屬幻相。就算我比以前少發點兒脾氣，少了些焦慮，多些平安和仁慈，並不表示我已經全然認同了上主的平安。這些都是抵達平安之境的重要墊腳石，但不代表最終的平安，這就是爲什麼有四道「邁向平安的障礙」。第四道障礙，也是最後一關，即穿越面紗。說到究竟，也不是「穿越」，而是面紗本身已然消失於無形。但是你必須意識到，因爲距離面紗愈近，恐懼就愈強，你必須意識到自己實在不想穿越面紗的「抗拒心態」。唯有認出抗拒，你才會開始領悟自己所懂的《課程》其實僅止於皮毛。這不是一段邁向幸福美夢的旅程，《奇蹟課程》帶給你的是一條歸鄉之路。

2 正視抗拒

問：面對抗拒的時候，是否與它同在就好了？

肯恩：是的。只要你敢正視抗拒，你絕不會小看它
的威力。佛洛依德說過，一個成功的治療，關鍵在於讓
這個人逐漸覺察到自己的抗拒。《奇蹟課程》跟佛洛依
德，在理論或者實際應用上極其相似。他們都說，你唯
一要做的就是覺察自己的抗拒，不妨對自己說：「唉，
又來了！沒錯，我有一個分裂的心靈。這也不是什麼新
鮮事兒了！」換句話說，只要你不把它當真，遲早會穿
越這一抗拒心態的。

你最不該做的就是和恐懼交戰。不要抵制「抗
拒」，你只需要知道自己正在抗拒就夠了。耶穌在〈正
文〉第三十章「作決定的準則」第一條說：「不要與
自己交戰。」（T-30.I.1:7）意思就是不要抵制你的恐
懼，不要和小我交戰。你一這麼做，反倒把它弄假成眞

了。〈馬太福音〉有一句話說得好，「不要與惡人作對」（5:39）。用《課程》的觀點來講，一旦全力抵制邪惡，你就弄假成眞，反倒強化了它。不論你以個人的名義還是國家的名義，只要是以暴制暴以牙還牙，都不可能得到和平，永、遠、不、可、能！這也是中東、非洲、南亞或是其他地區始終不得安寧的原因。以恨還恨，以暴制暴，雙方都相信自己站在正義的一邊。恨的思想體系，歸根究柢就是分裂和攻擊的思想體系，只會愈演愈烈，一發不可收拾。你怎麼可能化解一個你不斷強化的東西呢？若想降低它的威力，你只需好好地正視它；反之，不斷反制，只會讓它變得更眞實，唯有溫柔的旁觀，才有化解的可能。〈正文〉第二十三章在「無明亂世的法則」後面有一段非常重要的觀念，「超越戰場之上」，這是《課程》治療小我體系的精髓所在。「超越戰場之上」，意思是將自己提升至身體層面之上（當然啦，不可由字面去詮釋），它需要你跟耶穌站在一起回首或俯視戰場 —— 這個憑著身體、爲展現特殊性而彼此較勁的人間戰場。你只需靜靜觀看這個世界，除此以外，什麼都不必做。

　　我常常引用的兩句話充分說明了這個過程，一個與寬恕有關，另一個則與奇蹟有關。這兩句話說的其實是同一回事，兩者都出自〈學員練習手冊〉下篇。在「何謂寬恕」裡，耶穌說：「寬恕是寧靜的，默默地一無所作。……它只是觀看、等待、不評判。」（W-PII.1.4:1,3）短短幾句，言簡意賅地道出了《課程》的精華。等待，表示我不再害怕，對自己有足夠的耐心，觀看自己的抗拒，默默地一無所作，表示我不再自行判斷，只是觀看著。

　　同樣的概念在「何謂奇蹟」這一節裡再次出現，耶穌說：「它只是一邊面對人生慘境，一邊提醒人心：它所看到的景象全都虛妄不實。」（W-PII.13.1:3）這一段也說得極好：**奇蹟只是注視悲慘的人間。**它既不注視愛、光或平安，也不注視基督或天堂。它只注視這一慘境，這「慘境」分為兩個層次：第一層，慘境是指人與人、國與國之間從無間斷的苦痛和磨難。這一層次是來自第二層悲慘心靈的投射。我們的心靈不但受盡罪咎的折磨，更因為我們自認為毀滅了天堂，故時時處在上主必將毀滅我們的恐懼之中。奇蹟注視著這片慘境，並不

做什麼，只是提醒我們的心靈，眼前的景象全都虛妄不實。它要我們心中的抉擇者與聖靈一起，靜靜地注視，不作任何判斷，這就是寬恕的奇蹟。

奇蹟（或是寬恕）也是如此面對我們的抗拒心態；看著我們和小我認同，害怕愛，害怕寬恕；看著我們的怨恨、自憐、自私、憤怒、沮喪和受害的戲碼。奇蹟注視這一切，然後就此打住。它「靜靜觀看、等待、不評判」，只是提醒我們，這一切對真實之境毫無影響。不論我們多麼抗拒上主的愛，也改變不了上主的心；即使我們拒絕覺醒，也改變不了我們的真實自性。因為，什麼都沒有發生過。

真正棘手的是因為抗拒而產生的罪咎心態，我們決定遠離愛而心生罪咎，這才是問題的本源，無論這個決定源自形上層次還是此刻的所作所為。《奇蹟課程》說，是罪咎蒙蔽了我們，是罪咎帶我們走向瘋狂。

> 罪咎使你盲目，你只要在自身內看到一點罪污，就看不見光明了。你若把它投射於外，世界便籠罩在你的罪咎下，顯得更加陰森可怕。你等於在罪咎上頭罩了一層黑紗，自然看不出

它的廬山眞面目，因爲你還不肯向自己心內看
進去。（T-13.IX.7:1~3）

你必須學會看清罪咎只可能出自瘋狂的神智、
徹底的不可理喻才行。（T-13.X.6:3）

罪咎說，你有罪，因爲你與愛分裂了，所以遭受天
譴是罪有應得的。但是，你只要後退一步，和耶穌一起
看看你這些想法，必會忍俊不住地說：「哎呀，我怎麼
這麼傻！」這就是〈正文〉第二十七章所說的：

聖靈看得見眞正的起因，祂只會輕輕一笑，毫
不在意那些後果。……祂要你把每一個可怕的
後果都帶到祂面前，與祂一起看看那可笑的起
因，再與祂會心一笑即可。……你就會破涕爲
笑，並且與弟兄和祂一起笑著走出那神聖的一
刻。（T-27.VIII.9:1,3,8）

看到自己這樣抵制眞相，明白了自己寧可擁有特殊
性也不要上主之愛，是多麼愚昧的決定。下一步就是
「寬恕自己」，特別是，當你覺得需要做點什麼來彌補
時，記得寬恕自己；當你因爲抗拒愛而產生罪惡感時，

記得寬恕自己。

問：如果「抗拒心態」以疼痛的形式呈現呢？心裡明明十分清楚自己正在抵制某個東西，吃藥時也明白藥物只是怪力亂神。這兩種「抗拒」是同一回事嗎？

肯恩：是的，它們是同一回事。你因為疼痛而吃藥，因為孤單打電話給朋友，這些都情有可原。你可以透過任何方法來減輕疼痛，但請不要冠上靈性的大帽子，要承認這些的確是怪力亂神，然後寬恕自己使用怪力亂神，畢竟我們在這個世界所做的任何事情都離不開怪力亂神。這本《歸鄉之路》也屬於怪力亂神，因為你相信書中含有某些你缺少的東西。《奇蹟課程》也是怪力亂神。寧可寬恕自己偏愛神通廣大的小我，也不願選擇活在上主之內的真我，這些全是同一回事。如果我們已經活在正念中，只要憶起自己的生命源頭，我們就療癒了。 問題是，要是這麼容易，我們既不會在這裡，也用不著《課程》了。所以，好好寬恕自己依舊認定「我是一具有種種需求的身體」，寬恕自己仍會感受到身體的疼痛和愉悅。要明白，這種怪力亂神之念不代表你不好，它不過是讓你神智不清罷了。

　　療癒的關鍵，就是看著自己或是他人使用怪力亂神而不評判。聖靈就是以這樣的精神，將我們企圖藉怪力亂神把小我弄假成真的人事物扭轉為寬恕的工具，身體的疼痛即是一例。當你的身體或心理出現病痛時，你試著觀察小我的選擇，看清它如何尋求「神奇的解藥」來治療病痛，然後提醒自己，這些選擇對真實的你其實一無作用。注視你選擇的悲慘處境，以及令你無路可退的奇幻解藥，然後跟自己說：我所看到的一切都不是真的，它們左右不了真正的我。

　　這也是為什麼我一直強調《課程》不討論行為層次。整部《課程》都不談你該做或不做什麼、怎樣做才是對的或錯的，它只談如何改變你的心靈、如何另覓明師。倘若你選擇耶穌的路，加深與他的連結，你會帶著微笑走在人生的道路。即使你仍需穿越小我的世界，親人仍在上演小我的戲碼，你依然可以面帶微笑，不讓已被小我當真的幻相愈演愈烈。你不再助長它的氣燄，只是靜靜觀看，而且不厭其煩地用這句話提醒自己。

　　話說回來，當你在說「與耶穌一同面對小我」時，務必提高警覺，千萬不要讓小我拿這句話來當作擋箭

牌。許多人都落入這個陷阱，老拿這些話自欺：「我生你的氣，我恨你，這些都沒關係，因為我和耶穌一起看著它。」「我捅你一刀也無所謂，因為我和耶穌一起看著它，至少我知道把刀子刺進你的心臟只是我的投射。」不幸的是，我常聽到這類鬼話，當然，不是有誰真的捅了誰一刀，而是那些話完全扭曲了「**與耶穌一同正視**」的真正含意，企圖利用那些話來縱容小我，為小我撐腰，這些人都不敢承認自己其實很喜歡生氣，想要藉此凸顯自己的特殊性。

總而言之，心態只有兩種，一是和耶穌一起，一是放棄耶穌而選擇小我。你必須善加分辨兩者，才可能做到「**與耶穌一同正視**」。換句話說，倘若我對你心懷怨恨，我就無法經驗上主的平安，如果我沉迷於特殊的愛的關係，我也無法真正體驗上主的平安。如實檢驗自己的心態，這個步驟非常重要，你若沒嚐過跟隨小我的代價，你絕對不會想放棄小我的。你以為很懂得「與耶穌一同正視小我」，五十年後卻失望地發現，原來自己還跟小我混在一起。如果你不敢親身體驗拒絕上主之愛與平安之後所歷經的錐心之痛，而只想用不堪一擊的「特

殊關係」來取代祂（T-16.IV.8:4），那樣的結局，絕不
會令人意外的。

　　你需要做的是，盡可能地覺察這兩種心態，只要比
較一下小我的假平安和上主的真平安，當下真偽立判。
因為在上主的平安裡，沒有一個人被排除在外，所有的
人都活在平安之中；而在小我的平安裡，只有符合你需
要的「好人」才允許進入。這個檢驗方法屢試不爽。一
旦你選擇了小我，你的愛有親疏之別，你心中猶然有
恨，你就不難看出自己有多瘋狂——你不但拒絕上主的
平安，還告訴耶穌你不要愛。然而，只要你願意看看自
己在做什麼、放棄了什麼，其實已經把耶穌從後門請入
你的心裡了，因為「觀看、不評判」便等於「與耶穌一
同正視」。我說過，除非我們被小我搞到完全受不了
了，否則沒有人會心甘情願地放棄小我的。但這不表示
《課程》要你逆來順受，它絕無意鼓勵你多受一點苦。
然而，平心而論，唯有等到你吃盡苦頭，徹底看清自己
選擇恨和分裂所受的痛苦，並且對小我深惡痛絕，你才
可能甘心放棄小我。〈正文〉這幾句話可說是一針見
血：

人忍受痛苦的耐力雖高，終究有其限度。遲
早，心靈會隱隱地冒出一念：「一定還有更好
的途徑才對」。（T-2.III.3:5~6）

第十四章「快樂的學徒」那一節一開始也說，聖靈
要你覺察自己的慘狀：

死心塌地甘願受苦的你，首先得認清自己確實
活得很不快樂才行。由於你已把受苦視為一種
樂事，聖靈只好用苦樂的對比來開導你。（T-
14.II.1:2~3）

這段話最值得注意的是：除非你意識到自己活得多
麼悽慘，否則就不可能成為**快樂的學徒**。如果你自認為
活得很開心，很平安，對自己的生活非常滿意，《奇蹟
課程》就不適合你，其他的靈修體系，尤其近代的新思
潮可能更適合你。這個課程的目的是要你看出，自己活
在小我思想體系的世界裡有多慘，否則你壓根兒不會想
要離開。說真的，如果你在人間混得如魚得水，怎麼可
能想去看自己的小我？怎麼可能想去挖心底的罪咎和怨
恨呢？

　　當你真正意識到，選擇疾病、分裂和特殊性那種「不是你死就是我活」的戲碼讓你活得如此焦慮、不安，害你吃盡苦頭，那麼，你的動力就來了。也就是說，除非你看清過去的選擇令自己飽受折磨，否則你不會說「一定還有另一條出路」。它影射出：「我心裡必定另有明師、另一種思想體系才對，因為我現在信奉的這一套已經讓我走投無路了。」但如果你認為自己毫無問題，《奇蹟課程》就不適合你，你也不需要它。你可能喜歡它優美的文辭，但你不會真正學到它要教你的東西；這門課程是要幫你**由夢境中解脫**，不是教你如何鞏固美夢。

　　問：面對抗拒的時候，「退避三舍」和「以此為跳板」這兩種心態的分界線究竟在哪兒，我始終分不清楚，可以談談你的看法嗎？

　　肯恩：我們每一個人都希望找到一個精確可循的法則，很遺憾的是，這種法則並不存在。你只能信任自己受夠小我的苦頭之後，自然會逐漸逃離它的掌控。這便是關鍵。《課程》把小我的恐怖形容得淋漓盡致，它談仇恨、謀殺、把弟兄推下絕壁，乃至形銷

骨散（T-24.V.4），把恐懼形容成一隻「餓犬」：「它
們無情地四處搜尋罪的蹤跡，一看到有情生命便直
撲上去，不顧獵物的哀號，拖回給主人大快朵頤。」
（T-19.IV.一.12:7）又把特殊關係形容成「戰勝上主的
一個標誌」（T-16.V.10:1）。這絕不是茶餘飯後的隨興
漫談而已，如此血淋淋的描述，是爲了幫你深刻體驗到
隱藏在人心底下的那個兇手。

　　你不妨觀照一下「活在一具身體內」的景象，就會
對上述的描寫心有戚戚。換個角度看吧，把自己當成火
星人，從旁觀察人類的身體如何存活，你將會發現，這
個物種完全是透過謀殺來延續生命的。想想看，我們活
著一定得呼吸，每呼吸一次就生吞數以千計的微生物；
每走一步路或是開一段車，不但數以百萬計的微生物遭
到毀滅，螞蟻之類的昆蟲也隨之命喪黃泉。人類必須進
食，吃的可不是自己身上長出來的，而是其他的生物，
不管是馬鈴薯、白蘿蔔、紅蘿蔔，或雞鴨魚、牛豬羊等
等的，這些食物原本都活得好好的，但我們爲了活下
去，哪能顧得了這許多？素食者說他們不吃肉不吃魚，
因爲那些東西是活的，可是，紅蘿蔔本來也是活生生的

呀！幻相沒有層次之分，而小我的「無明亂世法則」第一條可不這麼認為。我們呼吸、行走、進食，很少想到這些行為所帶來的傷害。我這麼說不是要讓你們吸一口氣、吃一口飯都有罪惡感，只是藉此提醒大家，我們其實是透過「謀殺」來餵養這具身體的。只要身體存在一天，就得犧牲其他生物一天。還有，大家想想看，少了伐木業，咱們拿什麼蓋房子呢？

聽到這裡，如果你只是隨口回應說「這未免太可怕了吧」，卻壓根兒不願意「**感受**」一下怎麼個可怕法，其實，你仍然想繼續放縱小我。我一再強調，小我真的會讓你痛心疾首。《奇蹟課程》說「不愛，就等於謀害」（T-23.IV.1:10），還說「人間沒有一種愛不是愛恨交織的」（T-4.III.4:6）。當你掀開可愛、善良、體貼、敏感、助人為樂這些表相，你會發現底下藏了一個希特勒，是個企圖用「人在江湖，身不由己」為藉口以便大開殺戒的恐怖份子。佛洛依德和女兒安娜在維也納散步聊天時說：

> 你看到那些房子和那些美麗的外牆嗎？牆裡面的景象可不見得像牆外那般美麗。人，也是如

此。〔原註〕

先前有位學員提到，她在健身房運動時，突然意識到自己的「健身」其實是在「健小我」。原來她健身的真正目的是改變小我，這個覺察讓她非常不安。她看見自己一邊在跑步機上運動一邊批判，放眼望去都是自我憎恨。她看見自己的小我浸淫在恐懼裡，一滴一滴地溢出怨恨的惡念。在那當頭，健身房的一切都活靈活現地在她心內上演著。

面對這樣的覺察，你必須警惕自己，切勿走到另一個極端：一看到內在如此不堪，就煞有其事地設法平衡或彌補。要知道，小我的運作十分隱晦，它既然無法制止你學習《課程》，就乾脆加入學習的行列。在這方面，它可是專家！碰到這類狀況，我建議你尋求局外人的協助，一位能夠提供另一種觀點，幫你平衡而不至於落入極端的人。單靠自己很難跨越這一險關，小我可狡猾得很。我們害怕失去自己的獨特性，所以不管把小我合理化抑或妖魔化，都很容易掉入弄假成真的陷阱。沒

〔原註〕Anna Freud: *A Biography*, Elizabeth Young-Bruehl, Summit Books, 1988, New York, p.52

錯，我們當然需要向內尋求聖靈的援助，只不過我們對祂的曖昧心態嚴重干擾了「內在靈性」的運作，因此我們也需要外來的協助。凡是能把我們拉回寬恕路上的，無論哪一種形式都行。如此一來，心內心外隨時都有一隻手可以拉我們一把了。

另一個對小我陷阱保持警覺的方法，即是誠實地觀察自己對每一件事情的批判心態。如果你早上醒來感到欣喜若狂，覺得自己寬恕了每一個人，你可得小心點兒。要是寬恕有那麼容易，你不可能還在人間的。也就是說，如果你的靈性境界已經這麼高了，你根本就不需要《奇蹟課程》。這部課程不是為境界很高的人準備的，而是為靈性還在嬰兒期的人寫的。如果你相信自己已經寬恕了所有的人，不再存有任何批判和特殊性的念頭，你很可能還在逃避或否認的階段。

我剛開始講述《奇蹟課程》時常說，接受過心理諮商或深入過某種靈修傳承，對學習這部課程有很大的幫助，最起碼，你不會低估小我的能耐。早期的奇蹟學員常對小我掉以輕心，習慣性地不當一回事，這種心態目前其實仍很普遍。大家都不願意面對自己的黑暗面，

開口閉口都說一切都很美好，「聖靈在餐廳告訴我該點什麼菜」、「聖靈幫我寬恕了每一個人，所以我愛眾生」……。如果你和小我正面交鋒過，一定會對這種心態感到憂心的。

容我再提醒一下，如果某天早上你忽然在狂喜中醒來，請務必對這個狀況保持高度警戒。相反地，如果醒來時心中浮出怨恨，也無需太過憂心，因為我們其實每天都是在怨中醒過來的，只是不自知罷了，還以為那是出自愛心的關切。你也可能認為那種感覺是由於當天諸事不順，或是因為前晚的食物導致消化不良，你不知道那其實就是小我的恨。

這些年來，不少學員喪氣地對我說，《奇蹟課程》學得愈久，小我的狀況卻愈糟糕。平心而論，我覺得這根本無法避免。要知道，《課程》只是幫我們明白，並不是事情愈來愈糟，而是**本來就爛透了**！只不過我們一直把自己蒙在鼓裡，過得很慘卻渾然不覺。《課程》幫我們掀開面紗，讓我們看見裡面的實情，只因為我們第一眼看到的，不是上主的愛，而是小我的恨、自我憎惡、罪咎與焦慮。在此之前，我們以為自己幸福快樂得

很，養兒育女，上班賺錢，找機會自娛娛人一番，做世俗人都在做或想做的事，完全不曉得我們昏天暗地的過日子，其實是想要逃避上主的愛。換句話說，我們之所以汲汲營營、忙碌不堪，只爲了逃避內心深處的罪惡感。一旦我們突然明白自己的生活是怎麼一回事，那一刻，當然受不了自己所看見的「眞相」。

爲此，我寧可聽到學員抱怨，修習奇蹟非但沒有讓他們的生命變好，反而更糟糕；如果學員說一切愈來愈美好，我反而會感到憂心。不是我沒有「隨喜」之心，而是我希望他們**真正的**幸福，而非逃避眼前的現實，《課程》要化解的正是這類逃避心態。我一再強調，你若連問題都看不清楚，怎麼可能化解問題？所以，首要之務，你必須正視它。無庸置疑，正視問題必會勾起痛苦，〈正文〉裡這樣說：

> 正視特殊關係時，必須要有心理準備，因它會激起你相當大的痛苦。焦慮、絕望、罪咎以及攻擊之念都會不時乘虛而入，來去無蹤。（T-16.V.1:1~2）

正因如此，「變糟」很可能是好現象。我們當然無

意幸災樂禍，不過如果這些苦本來就在那兒，假裝沒看到絕非好事。有時候，治療的藥方比問題本身還苦，幸好，這種不好的感覺通常只是過渡而已。

　　有朝一日，倘若你可以對那些問題微微一笑，表示你已經開始不把黑暗當真了。黎明遲早會來，你也會漸漸感到舒暢。問題是，除非你真正感受到那股錐心之痛，否則你不會真心藉助耶穌的手，和他一起正視自己的陰影。這才是你此生的轉捩點。〈練習手冊〉有一句話這麼形容：「這人間已到了饑渴交迫、奄奄一息的地步。」（W-PII.13.5:1）是的，這世界真的夠糟了。《課程》還說，我們的家不在這個世界，在這裡我們都是孤兒（W-182）。即使我們沒有真正殺害天上的父，祂也未必會歡迎我們回家，我們不知道自己還有任何退路。這是多麼可怕的處境！〈正文〉最後一章，耶穌形容漂泊在世上的我們「驚惶不安、孤獨憂懼」（T-31.VIII.7:1），說真的，要接受這樣的「現實」，實在開心不起來，但這卻是幫助我們尋回「彼岸」之愛的唯一途徑。從這個角度看來，正視黑暗的過程，絕對值回票價。

　　談到這裡，我想進一步解釋一個觀念：《課程》不是來改善這個世界，也無意改善我們外在的生活，它來，是讓我們知道還有一個內在生命，讓「生命」活得好些。我們甚至不需要一開始就明白「內在生命」究竟為何，只需要學會慢慢放下自己的怨尤、獨特性，以及批判心態。容我再說一次，對「世界是苦」的體會愈深，就愈容易放下。「快樂的學徒」裡有一段話說：聖靈需要我們先認清自己是多麼「死心塌地甘願受苦」，除非承認自己活得並不快樂，否則我們不可能接受祂的教導。我們一直想要在悲慘的人間打造幸福，深信烏托邦可能在這個世界實現，不願承認這世界從未幸福過。《課程》的目的不是改變世界的現況，而是改變我們此生的目的，學習寬恕而不評斷，致力於覺醒而非沉睡。

　　耶穌曾說，我們一向苦樂不分（T-7.X.8:6），又說，我們無法區分禁錮與自由之別（T-8.II）。既然我們已經糊塗到以苦為樂的地步，耶穌只好告訴我們，我們的處境確實慘不忍睹。他大致這樣說：「我知道你活得很苦，只因你相信自己活在這具身體內，是它把你和你的真我拆散的，還把你和其他人分開，最糟糕的是，

它使你感到和上主分離了。你來自充滿平安的天堂，如今卻活在一個和天堂完全相反的地方，怎麼可能幸福快樂呢？」《課程》有一個十分具體的目標，就是把天堂的「一體性」在這個世界呈現出來，方法是換一種眼光，把這裡每一個人都看成同一個人。唯獨這種眼光，才能中止小我的判斷。大家都一樣，沒有人比較特別，你和我同樣的可憐，同樣的瘋狂，但我們心裡仍有一部分也是同樣的健康，同樣的正常。

　　這話的意思是，要你向內看並對自己說：「現在，我終於看到自己心中有多少的恨了，原來我是如此這般地認同小我。」這才算是道地的「快樂的學徒」。記住，「快樂的學徒」的前提，必須先看清自己的慘境。選擇正念的意思是向聖靈或是耶穌求助，不過我下了一個更務實的定義——面對妄念而不評判。不要忘了，美夢、正念、聖靈和救贖，都是針對小我那套系統來的，純粹為了修正小我的思想體系，本身並不具任何特殊的意義。世上只有一個「正面」的東西，就是上主之愛。人間的愛，只是聖靈用來修正小我的東西。小我一旦不存在，聖靈的寬恕就失去了功能，祂自身也就一起消失了，誠如〈詞彙解析〉所言：

時間結束之後，你就會與他同在；先前隨著死
亡哀歌而起舞的那個噩夢從此無跡可尋。代之
而起的，是上主之頌的裊裊餘音。最後，連天
音也將消逝，抖落一切形式，終歸於那永恆無
相的上主之境。（C-6.5:6~8）

因此，什麼叫做美夢？就是你雖身處妄念當中，卻
懂得用全新的眼光去看待小我的攻擊，學習寬恕自己
此刻仍在抵制愛，正如你當初如何在一念無明中抵制
了愛。美夢並不代表你一早醒來就感到幸福平安，而是
指當你醒來時，可能感到焦慮、恐懼、罪咎、想要與眾
不同，但你卻能把它們當成學習的教材，至少你現在知
道了，有位明師會給你正確的教導和指示。每當你面對
自己用特殊關係編寫出來的人生課程，你不需要否認這
些特殊關係，或為此感到愧疚，更無需假裝一切都很美
好；美夢只不過代表了，你再也不害怕這些人際關係所
帶給你的愧疚和痛苦了。

「寬恕」意味著面對人性的陰暗面。不言可喻地，
那絕不會是愉快的經驗，但有了這個心理準備，對於行
走在寬恕之路的學員頗有助益。《課程》告訴我們，聖

靈會帶領我們穿越恐懼的兇險之地，而上主就在「彼岸」。你若不敢穿越兇險的此岸，就抵達不了祂所在的「彼岸」（T-18.IX.3:7~9）。我太太葛洛莉曾經打過一個比方：如果你不走過荒涼兇險的橋，就無法從形相世界進入永恆無相的上主之境。她的意思非常清楚，要進入無相的「彼岸」，你一定要穿越小我的廢墟，而那是必經的橋樑。當然，那個過程不可能愉快的。偉大的神祕家聖十字若望〔譯註〕用「心靈的黑夜」來描述回家的旅程中人心必須承受的苦痛。他語重心長地說，如果你不開始「爬」（面對小我的陰暗面），怎麼可能到達山頂？

　　若從「穿越小我」這個角度來講，《課程》和天主教神秘學派的觀點相當貼近。有時候，這個過程痛苦非常，但你若明白這是必經的歷程，而且你不必孤軍奮鬥，那些挑戰便會帶給你勇氣、力量和希望。為此，我接下來要談談和耶穌建立關係的重要性。

〔譯註〕聖十字若望（St. John of The Cross, 1542~1591）　生於西班牙，20歲加入修會，25歲受祝聖爲神父。因參與聖女大德蘭的修會改革，遭反對者禁錮於僅可容身的黑暗牢房九個月。1926年被宣封爲教會聖師。聖十字若望強調，最輕微的執著都是靈性成長的障礙。畢生致力教導人如何將生命導向默觀。

3 耶穌的角色

　　若非耶穌慈愛而溫柔的手牽著我們穿越罪咎的迷霧，我們根本不可能通過那座蒼涼且虛無的橋。耶穌在〈練習手冊〉裡說：

> 試著用你喜歡的方式穿越那些烏雲吧！如果對你有益的話，你不妨觀想我牽著你的手在前帶路。我敢保證，這絕不是無謂的幻想而已。
> （W-70.9:2~4）

　　《課程》要我們與耶穌攜手同行，手持明燈，探索那令人膽寒的心靈暗室。我們打造了一個需要太陽或電力照亮的形相世界，然而，不管我們怎麼努力照亮罪咎所籠罩的黑暗世界，一切終究枉然，因為我們只知從外境著手，其結果，愈努力探索，愈凸顯徒勞無功，只因我們所企圖點亮的，是一個充滿恨與恐懼的陰暗世界。

　　罪咎毫無美妙可言，它唯一的好處是給你一個機

會，讓你把恨意帶入你的人生教室，而後另請高明重新
為你解讀，如此，你才能真正學到東西，成為快樂的學
徒。如果你覺得自己什麼都懂了，何必上學呢？同理，
如果你覺得耶穌沒有什麼可以教你的，又何必拜他為
師？他必須透過你的特殊關係來教你，因為「你的特殊
關係」就是「你的學習教材」。耶穌不是照本宣科的老
師，他請你自己提供上課的教材，從你的生活下手。他
教你怎麼去讀「你的課本」，教你用另外一種眼光去看
你的人生和人際關係。他絕不會教你傷害或是操控別
人，也不教你如何改善世界；他只教你如何看待自己。
這就是你向耶穌求教的唯一目的。

這麼說吧，你一早起床就要先搞清楚，今天的功課
是「反小我之道而行」。不論你今天需要面對多少重
大的挑戰，也許你跟醫生有約，聽他宣布一份決定生
死的檢驗報告；也許你跟老闆開會，他可能對你讚譽有
加而給你調薪，但也可能開除你；也許你今天跟心上人
有約，對方可能愛你，也可能告訴你他決定分手了。但
是，只要你跟著那位新老師，不管發生什麼事，你都會
學到東西而使今天變成「美好的一天」。

問：關於「謀殺了上主」這個說法，對我而言，除非能在自己所投射的世界親身體驗這個信念，否則很難理解。但是，如果我眞的承認「我在這個世界所看到的劊子手，其實就是我自己」這一說法，就表示我的潛意識的確相信自己謀殺了上主。所以，認出自己是劊子手後又該如何自處？我該怎麼辦？

肯恩：什麼都不需要做。這就是我前面一再強調的，學習這部課程的關鍵。我們在無明之初身爲聖子時，都曾經因爲上主沒有答應我們的要求而謀害了祂。我們在心裡吞噬了祂的生命，篡奪了祂具有創造之能的自性，而且相信自己眞的犯下了令人髮指的罪行（雖然這是根本不可能的事），還爲此戰慄不已。我們把並不存在的罪當眞了，被自我憎恨和罪惡感壓得喘不過氣。痛苦讓我們忍無可忍，卻又找不到出口，只好用否定和逃避來減輕痛苦，於是我們投射出一個世界來埋藏這個罪咎感，還打造了一具身體來包覆心靈。這才是問題的癥結。

所以說，你根本不需要理解或是處理當初想要殺害上主的「無明一念」，你只要知道自己多麼想除去那些

跟你一起生活、工作、長大的人就夠了。兩者根本是同
一回事！這正是《課程》這門靈修途徑的妙處。你完全
不需要跟上主打交道，只要處理你與「上主的代表」的
關係——也就是你特殊的愛或恨的對象，不管他們究竟
是來自過去、現在或未來。這個對象代表了你的天父，
你可以用正念也可以用妄念去看祂。在正念中，祂是你
生命的終極源頭；在妄念中，祂是個討債鬼、索命者。
容我再說一次，你不必也無法處理那最原始的無明一
念，因為那個念頭已經完完全全地埋在潛意識下了，只
不過它的某些陰暗記憶片段始終在我們的人際關係中隱
隱作祟：

> 你在夢中看到弟兄給你什麼，那便成了天父對
> 你的恩賜〔原註〕。（T-27.VII.16:2）

　　總而言之，我並不需要和上主打交道，只需要跟
「你」混就行了。如果我藉耶穌之助，化解了我和你之
間的特殊關係，不論是特殊的恨或特殊的愛，就等於化
解了橫梗在我和上主之間的一切障礙。因為我與弟兄的

〔原註〕這裡所說的「恩賜」，可能是帶刺的禮物，如仇恨或攻擊；也
　　　　可能是美如百合的禮物，例如寬恕。

關係和我與上主的關係，其實是同一回事。我一旦完成了自己該修的課程，耶穌就會滿心歡喜地告訴我：「上主的記憶會在我的心靈如朝陽一般升起，最後上主會伸出手把我舉起，帶回到祂的身邊。」（T-7.I.6,7）一言以蔽之，「寬恕你」其實就是我學著寬恕上主、學著愛祂的唯一途徑。

就個人而言，每次看見自己小我的反應就說「我不想看它」，這等於重演當初我們仍是那位唯一聖子時的反應——「我不想面對此事」。我們製造出來的身體本身就是一套防衛系統，它的眼睛只能向外看，無法向內看。為什麼我們的感官無法看到心內的東西，只能著眼於自己和其他人的形體？只因我們最怕看到的，其實就是自己心內的種種。耶穌在「不敢往內看」這一節裡這麼形容：「小我高聲命你不要往內去看，否則你會親眼照見自己的罪而遭天打雷劈，以致失明。」（T-21.IV.2:3）在極度的恐懼中，我們不得不接受小我提供的解決方案，營造出一個永遠不必往心內看的世界，一個只需要跟外在形體打交道的世界。想想看，基於同樣的原因，我們發明了顯微鏡和望遠鏡也絕非偶然。

你會發現，操練《課程》愈逼近現實真相，就愈會意識到小我的可怕，而你也會恨不得轉身逃離它。千萬別這麼做！這就是你要和耶穌建立關係的原因。這部課程不在於改善你的夢境，例如中樂透，或美化你的關係、改善身體，《課程》只教你一件事——在沒有恐懼和罪咎之下正視小我。唯有如此，才能解除錯誤，也正因如此，我們才需要耶穌。

修習《課程》最難的是，學習和你的小我同在，不落入逃避的陷阱，既不放縱也不崇拜它，更不否定它。耶穌只要我們做一件事，就是和他一起看著小我，並且對自己說：「我瘋了！這是謀殺不是愛！感謝老天，我終於明白自己還有其他的選擇。但我也明白，自己的某一部分根本不願意作另一種選擇。果真聽從自己的心意，我恐怕會選擇跟小我繼續混下去，只要少受一點苦就行了。」這一覺察，類似自我剖析，你愈清楚小我是怎麼回事，也就愈能夠和它同在，不害怕，不逃避，否則，你會把小我弄假成真，任它代替你活一輩子。

克里希那穆提〔譯註〕也談過「與痛苦同在」這個觀念，意思當然不是自虐。他說痛苦是為了隱藏恐懼，

一旦越過了恐懼，便會看見愛就在那裡。這一說法和
《奇蹟課程》不謀而合。克里希那穆提要我們越過所有
思考的藩籬去愛；《奇蹟課程》則教我們，不要迴避小
我之苦，因為埋藏在下面的，正是我們對上主之愛的恐
懼。和耶穌建立關係，會幫我們不再害怕小我，不再退
縮到恨、病痛、沮喪、焦慮與特殊性那群「伙伴」的懷
裡。只要有耶穌陪伴，只要你接受他給你的慧見，恐懼
便會在真理之中消失得無影無蹤。

　　隨後，你會經驗另一層次的抗拒，也就是對愛的恐
懼。當你受夠了自己的感受（無論那些恐懼、罪咎或恨
意是來自他人或自己），你再也不願這樣活下去，那一
刻，你會問自己：「抓住這個恨不放，對我究竟有什麼
益處？**要是放掉這個恨，我又會失去什麼**？」這一剎
那，你對愛的恐懼馬上浮到表面，你一面質疑，一面退
縮：「我不知道那是不是我要的？我不知道自己是不是
真的願意整天或整個早上都不去評判他人？如果我在高

────────────

〔譯註〕克里希那穆提（Jiddu Krishnamurti, 1895~1986）　生於印度南部
　　　　小鎮，是二十世紀最傑出的哲人與心靈導師之一。他不屬於任
　　　　何宗教組織，用六十多年的時間走遍世界各地，與大規模的聽
　　　　眾和個人對談，探討如何為我們的日常生活帶來靈性的品質。

速公路或健身房裡，不再對別人品頭論足，那『我』是誰？如果在超市裡面，結帳櫃台的牌子明明寫著限購十項物品，但是眼前這個人拿了十三樣，還大刺刺地跟著大家排隊，而我站在隊伍裡頭，卻能夠不對這個人或櫃台人員下判斷，那『我』算甚麼？在超市心平氣和地排在那個人後面等候結帳的『我』到底是誰？在高速公路開車而不詛咒任何人的『我』又是誰？和家人相聚，心中沒有一絲不耐或怨恨的『我』又是誰？」

　　一旦覺察到這種焦慮心態，必能幫我們看清自己多麼需要跟特殊性、罪咎、判斷、批評和怨恨認同。有時候，我們真的需要讓自己深切體會，隨時隨地都在批評的「我」究竟有多可厭。我們是如此習慣批評和挑剔，不管是雞毛蒜皮的小事或重大事件，尤有甚者，厭惡他人已經成為我們文化中不可或缺的一部分，尤其對那些非我族類的人事物。問題在於我們以為那些毛病是後天學來的，就像〈南太平洋〉（*South Pacific*）音樂劇中的一首歌「你要好好的學」〔譯註〕。錯了！其實根本不是這麼回事！這是與生俱來的，我們生來就帶有一身指桑罵槐、推卸責任的本領。

　　我們與生俱來的還有罪咎感，雖然呈現的樣態五花八門，其實都是同一個咎，且無一人倖免。我們老是在「放下」同樣的東西，老是在「處理」類似的狀況，原因即在於此。最糟糕的是，我們對罪咎的認同已經滲入骨子裡，不是沖個澡就能洗掉的。罪咎在「我」裡面，好似已經成為基因的一部分了。這就是為什麼我會一再提醒大家，正視「身體需要吞噬其他生命」的本能是如此的重要。身體不殺害或吞噬周遭之物根本活不下去，因為小我思想體系的本質就是吞噬其他生命。無論是生活細故還是慘絕人寰的事件，都脫離不了這種念頭。比方說，小時候被強暴，絕對是必須處理的嚴重事件；或者說，我很在意剛才那個人沒跟我打招呼。兩者的情況雖然輕重懸殊，但一樣會勾起同一個想要吞噬其他生命的念頭。

　　我們在此討論的，已經深深觸及存在的核心，因此這種觸及需要一段過程。就如同我剛才說的，一旦放掉

〔譯註〕「你要好好的學」（*You've Got to be Carefully Taught*）百老匯音樂劇〈南太平洋〉當中的一首歌。本劇對種族歧視的問題直言不諱，引發很多尖銳的討論，這首歌尤其首當其衝。1949年首演，2008年重新編排演出，造成轟動，並獲得當年度東尼獎多項獎項。此劇亦曾兩度拍成電影。

自己的恨和特殊性，我們會害怕認不出自己是誰。

在「自我概念與自性之別」這一節裡，有一段話一針見血地道出這個恐懼：

> 世界最怕聽到的就是你這一自白：我不知道我
> 是什麼，也不知道自己在做什麼，或身在何
> 處，更不知道該如何看待世界，或看待自己。
> （T-31.V.17:6~7）

這才是我們真正害怕的，因為它等於全面否定了自我，就算這個自我原本並不存在，對我們而言，仍是一種難以言喻的失落。無論令我心煩意亂的是瑣碎小事，還是影響一生的重大事件，全都是同一回事。「你會愈來愈清楚，一絲不悅只不過是掩飾震怒的一道屏障罷了。」（W-21.2:5）這是個必經的過程，因為恐懼與我認定的自己早已混為一物了，要我放下小我，就跟拿刀砍掉手臂差不多。那可是**我的**手臂啊！就是這種感覺——我的恨、我的特殊性、我的自我憎恨，一併形成了此刻的我，一旦撤走這些，我還算是我嗎？

我們的生命，說穿了，其實是一個受創的自我為自

己打造一連串防衛措施的歷程。誕生的過程是個創傷，身為無助的嬰兒也是個創傷，而在這個人間，我們不可能有求必應，所以任何事都可能成為創傷。即便這個世界沒有任我們自生自滅，也絕對說不上照顧得無微不至，我們為了應付痛苦而架起種種防衛措施，這些防衛措施逐漸演變成「我」。就像你天天穿同一件衣服，慢慢地，那件從沒脫下的衣服和你的皮膚黏在一起，再也無法區分哪裡是衣服、哪裡是皮膚了。它變成你的一部分。我們的防衛機制就跟衣服一樣。「特殊性」不僅僅是我們在世上的生活方式，更成了「我」的代名詞。這就是為什麼化解小我的過程如此困難。從實相的角度來看，我們死抓不放的僅僅是虛無，只要甘願放下它，便是「當下即至的旅程」（T-8.VI.9:7）；但是從世界的經驗來看，放棄了自我無異於放棄了一切。

問：我心目中的「我」既然只是一套防衛系統，那麼，倘若撥開一層一層的防衛，底下不就什麼也沒有，什麼都不是了嗎？

肯恩：的確如此，但這不表示你得甩掉防衛機制，靈性上才會有所進展。和耶穌建立「關係」的意義和妙

用，在於它能幫你徹底超越自我的防衛機制，而這絕非你和某個「人」建立「關係」所可比擬。「和耶穌建立關係」，象徵你（抉擇者）選擇認同心中另一種存在（正念），那一部分仍然是你，所不同的，你已經超越了層層的防衛機制。因此，當你動念選擇和耶穌一起看小我，即表示你已經展開「不與充滿特殊性和恨的小我思想體系認同」這個旅程了。

　　這正是為什麼我們和耶穌或聖靈建立關係是《課程》不可或缺的一個課題。你其實是和「正念中的自己」建立關係，而不是你原先那個「心目中的自己」。當你跳脫出層層防衛機制，和耶穌一起看著小我，那時的你，不再感到無助絕望，你會明白自己還有另外一個「我」。你無需改變「心目中的自己」，事實上它也無法改變，因為它就是你的身體。但是你可以退開一步，站在小我的思想體系之外去正視它。日復一日，年復一年，只要持之以恆，你會發現，你愈這麼練習，你和身體認同的程度就愈低，終有一天，你會徹底和自己的真我認同。

　　我們只要把握「**正視小我而不下判斷**」的原則，

就能達到上述的境界。這句不管說幾次我都不嫌囉唆。你能面對充滿特殊性的小我而對自己說：「我的天啊，我一直都是這樣。我需要父母的愛和關注，不管他們給多少我都不滿足。然後弟弟妹妹相接生下來，從此以後，我就沒好日子過了。我就是這樣活出這一生的。現在，我終於看見自己如何對待家人，如何對待周圍的朋友，又如何對待職場裡的同事了。我看見自己怎麼對待逐漸衰老的身體，看見自己怎樣回應這個世界或新聞裡每一個有形可見的人。我終於看出，我對所有事物的心態其實如出一轍。」

就這樣，你和耶穌一起站在小我思想體系之外，靜靜看著小我，逐漸看清這個思想體系的瘋狂之處。只要你能心平氣和，毫無內疚、批判或恐懼地正視它，必會大幅削弱小我的力量。這是個必經的過程，而且會讓你頓時充滿希望。老實說，眼前的世界根本沒有出路，你心裡的小我世界也是死路一條。恨就是恨。無論你怎麼粉飾它，恨就是恨，恐懼就是恐懼，罪咎就是罪咎。形式千變萬化，但是本質一成不變。幸好你不需要改變小我，只要你能將自己提升到超越戰場之上的另一平

台，然後往下看著小我的烽火世界說：「天哪，眞是瘋了！」這就夠了。

問：當我向耶穌求助時，我心裡清楚得很，我只是要他幫我解除痛苦罷了。

肯恩：這有什麼不對？除此以外，還有什麼需要他的幫忙？你不是因爲愛他而請他幫忙的，凡是來到這個世界的人都不愛他，然而，耶穌不但不擺架子還想盡辦法接近你。他知道人間實在太苦了，能夠接近你的唯一途徑就是讓你感到舒服點兒、好過點兒。他教你把「痛苦」跟「小我」聯想在一起，把「幸福」跟「放下小我」聯想在一起。他的「教學理論」是這麼說的：

> 你怎能教人接受他存心想要拋棄之物的價值？
> 他就是因爲藐視了它的價值而棄之如敝屣的。
> 你最多只能教他看清，缺了此物，他是何其痛
> 苦，然後把那東西慢慢挪近，讓他親眼看到，
> 此物的出現又如何減輕了他的痛苦。就這樣一
> 步一步地幫他把自己的痛苦與此物的缺席聯想
> 在一起，再把他的幸福與此物的出現聯想在一
> 起。等到他對此物的價值慢慢改觀之後，自然

就會想要它的。這正是我教你的途徑，教你將
痛苦與小我，喜悅與靈性聯想在一起。而你過
去教自己的那一套，與我的教法截然相反。你
有選擇的自由；然而，有上主的賞報在前，誰
還希罕小我的獎勵？（T-4.VI.5）

他教你如何分辨懲罰和獎賞。心理學家經過數十年
的研究證實，動物在獎勵之下的學習，遠比在懲罰之下
更有效率。雖然透過懲罰也能學習，但是效果絕對比透
過獎賞學習差。所以耶穌教我們把小我與懲罰聯想在一
起，而把獎賞和他聯想在一起。別忘了，我們向他求助
的唯一理由，就是因為跟他在一起會讓我們好過一點。
只要我們求他幫忙，請他陪伴我們用不同的眼光看待
自己的特殊關係，痛苦就會減輕一些。千萬不要自欺欺
人，以為自己請求耶穌幫忙是因為我們愛他。如果你真
的愛他，你根本不需要他的幫忙。背離他的愛，其實正
是你充滿罪惡感的主因，也是你落入娑婆世界的真正原
因。在你的小我消失之前，你不可能真正明白「愛他」
的意義。

換言之，你不會去愛一個跟自己大不相同的人。根

據「無明亂世的法則」，如果有人跟我不同，表示他擁有我所沒有的東西，而且我認定他所有之物必然是從我身上偷走的。在西方社會裡，耶穌是「他有而我們沒有」的最大象徵——他有上主的愛，我們沒有。聖保羅說得很清楚，我們是次等公民，是上帝的養子（加拉太書4:5；以弗所書1:5）。反之，耶穌是一等公民，天父唯一的愛子。任何一個在家中不是老大的孩子都知道我所說的那種感覺。耶穌不僅是上帝唯一的愛子，而且純潔無瑕、完美至極。我們的小我必會下此結論，耶穌偷走了我們的純潔無瑕和完美至極，所以他在髑髏地〔譯註〕的遭遇是罪有應得。這個莫名其妙的推理，正是「無明亂世的法則」的具體證明。耶穌特別提過這一點，我們把莫須有的罪咎投射到他身上，然後懲罰他；但也正因我們把罪咎投射到他身上，所以他才需要我們的寬恕，我們老不寬恕他，就無法真正接受他的幫助。

　　在這充滿恩典之境，我受到了你的歡迎，因
　　你終於寬恕我了。我過去一直是你的罪的象

〔譯註〕髑髏地（Calvary）　耶穌的受難地，亦稱各各他，確實地點眾說紛紜，一般相信在耶路撒冷一世紀時的古城牆附近。

徵，因此該死的是我，而不是你。對小我而言，罪意味著死亡，因此贖罪之道不能不以謀殺爲手段。在小我眼中，只有謀殺上主之子（而非你）才有得救的希望。……讓我成爲你的罪咎已經終結的象徵吧，你願如何看待我，就該如何看待你的弟兄。爲上主之子在你心目中所犯的一切罪行而寬恕我吧。他會在你寬恕的光輝下，憶起自己的真相，徹底放下那不曾發生的事情。也請你寬恕我，因爲你若有罪，我也必然有罪。同理，我若克服了罪咎，戰勝了世界，你也跟我一樣。你願把我當成罪咎的象徵還是終結罪咎的象徵？請記住，我對你象徵什麼，你就會在自己身上看到什麼。

（T-19.IV.一.17:1~4,IV.二.6）

　　只要你還覺得耶穌跟你不同（顯然我們都這麼認爲），你就無法眞正愛他。在人間，如果某個人跟你不一樣，而且非常不一樣，你是不可能愛他的。所以你向耶穌求助不是因爲愛他，而是你「想要」愛他。你心知肚明只要自己還沉浸在恨和悲傷裡，就不可能愛他，更不要說感受到他的愛了。恨和悲傷所導致的痛苦，以及

無法感受他的愛的痛苦，都成了你向他求助的動力，藉
此動力，我們得以正視阻擋愛的種種障礙（也就是你活
出千奇百怪的特殊性）。我前面提過，與耶穌同行好比
手持一盞明燈前進，我們不是去探看天堂的極樂，而是
深入地獄的底層，看清隱藏在妄念下面的污水池。這種
正視小我的工夫，《課程》比喻為「天國來臨了」，也
是返回天堂的必經之路。

4 《奇蹟課程》的角色

　　小我從不改變，它是百分之百的恨和謀殺心態；反之，聖靈是百分之百的愛，祂也從不改變。這一點很重要，你一定要牢牢記住。聖靈思想體系裡的寬恕、療癒、平安和愛永不改變。這百分之百的恨和百分之百的愛，都完整地並存於每一個人的心中。恨不會消逝，你也不可能一點一點地削掉它。你唯一能夠改變的，僅僅是看你在兩邊投入時間的多寡。千萬別以為你可以把恨一點一點地鑿碎丟棄，那是不可能的。恨是全面的，如同花崗岩一般，百分之百的結實堅硬，人間沒有任何工具足以摧毀那無懈可擊的恨與謀殺。你唯一可以做的是，決心逐漸縮短與恨同流合污的時間，並且逐漸增加與正念（也就是聖靈的「修正」）認同的次數。這就是《課程》所謂的進步成長。換言之，認同聖靈就是不帶評判地注視小我。

你會逐漸領悟《課程》所說，那面堅實的牆並非牢不可破的花崗岩，它其實是連光線都阻隔不了的一層薄紗。關鍵就在於：我們的認知可以改變，但小我不會變——恨就是恨，謀殺心態還是謀殺心態。「與上主分裂」本身就是一齣「天界兇殺案」：我們相信自己毀滅了上主，這個世界才能從祂的灰燼當中升起。這話一語道破小我的核心。我們要改變的不是小我，而是我們如何看待小我的眼光。只要我們學著愈來愈不把小我當真，對小我的看法自然會逐漸改變，也就愈來愈不受小我的控制，只因小我的力量完全來自於我們對它的認同與信念：

> **不必害怕小我**。它得靠你的心靈才能存在，既然你曾因為相信它而造出了它，你也同樣可以不相信它而將它驅逐。（T-7.VIII.5:1~2）

《課程》的目的不是讓我們活出沒有小我的模樣，它要教的是，即便我們選擇小我而抵制聖靈，也不必為自己所作的選擇感到罪咎。

〈教師指南〉有一段相當重要的話：「不要為生活中的種種束縛而感到沮喪。你的任務乃是擺脫束縛，而

不是逃避束縛。」（M-26.4:1~2）耶穌在〈正文〉「小
小的願心」那一節也說過類似的話：

> 不要信任自己的善意。僅憑善意是不夠的。不
> 論什麼事情，什麼場合，唯一值得信任的唯有
> 你的願心。把你的精力集中在這一願心上吧！
> 拒絕四周魅影的干擾。這才是你來到世上的功
> 課。如果你這一生不需經歷那些魅影的糾纏，
> 表示你也無需神聖一刻。（T-18.IV.2:1~6）

耶穌的意思是，你的任務不在於讓自己活得十全十
美，也不是讓自己活得絲毫沒有恨和罪咎的陰影；你的
任務是學習擺脫扛在自己身上的罪咎重擔。「你的任務
乃是擺脫束縛，而不是逃避束縛」，釐清兩者非常重
要。在這個世界裡，在這個夢境中，沒有人指望你活得
無咎無恨，沒有一絲害人之念，你只需要擺脫加諸於自
身的批判，擺脫那個心理負擔就行了。

我們都會為那原始無明的陰影而不安，因它剝奪了
我們原有的上主光明。陰影是什麼？不正是剝奪了光
明嗎？於是我們被排山倒海的罪惡感攪得不知所措，
只好遁逃到這個世界，渾然不覺我們把罪咎也一起帶進

來了。我們就是爲了逃避那陰影才來到世界的，而《課程》就是要協助我們不再爲這個陰影感到不安，試著不因心中的恨、特殊性和批判而煩惱。沒有錯，只需要多花點時間和耶穌在一起，少一點時間和小我廝混，我們就能扭轉劣勢了。

問：我感到自己非常渴望愛，但是接受「愛」與「自己的眞相」卻讓我更加害怕，寧可退回到小我的陣容，也不願被推到愛裡。我一直在兩者之間來回擺盪。可以請你談談如何在此刻接受耶穌的幫助嗎？爲什麼我覺得他是如此遙不可及？

肯恩：你看到這一點就已經成功一半了。接下來要學的是，看到自己的處境卻能不感到內疚，既不試圖修正，也不做任何反應。耶穌不會幫你「處理」，他只會協助你「不做」。你必須了解一點，無論你的煩惱和問題是什麼，眞正的恐懼是你不想與愛同在，唯有看清這一點才管用。如果人們眞的想要活在愛裡，那麼「世界」根本不會存在，也不需要這部課程了。你眞正的困境是你爲這件事感到內疚，你甚至指控自己背叛了耶穌、背離了愛，你不敢坦然承認：「沒錯，我恐懼愛，

我喜歡自己這個樣子。」你在人間唯一要做的是,不帶評斷地看著自己因為害怕愛而抵制愛的決定。對自己有耐心一點,溫柔一點,好一點。「對救贖的恐懼」恰如其分地描述了我們對上主的恐懼:「你害怕的其實不是十字架。你真正恐懼的是救贖。」(T-13.III.1:10~11)在上主的愛裡,不存在任何人,因為那裡沒有任何人,這才是我們害怕那個「愛」的真正原因。

再說一次,不要跟恐懼對抗。你需要做的,僅僅是這件事:慢慢地讓更多人進入你的生活。我指的不是外在形體的接近,而是進入你的內心,不再對他們懷有任何批判,包括自己在內。平常多多留意,自己是如何排除某些人的。即使生活裡想不出這類經驗,也可以透過電影或新聞來觀察自己。你會看到每個人對伊拉克、以色列、巴勒斯坦、印度、巴基斯坦、喀什米爾、拉丁美洲,還有非洲,都有自己的觀點和立場。每個人對世界局勢或美國政治,都有一套自己的看法。你只需看一下新聞就會刺到神經了,因為你會忍不住仇視、批判某些人,而把另一批人視為好人。能夠看到這一點就夠了。不要批判自己的心態反應,只要覺察你已把某些人剔除

於聖子奧體之外，這樣就夠了。我並不是說你必須同意每一個人的作為，或說你不能對政治、社會或經濟有自己的立場。我只是讓你看清楚，只要我們的觀點開始對某些人或團體產生排斥，只要我們對某些人或團體感到厭惡或敵對，就表示我們對上主之愛仍然心懷恐懼。

上主的愛沒有人我之別。你不需要了解「天堂的一體性」是怎麼回事。耶穌在〈正文〉第二十五章甚至說：「只要你還認為自己有一部分能夠獨立自主，合一與一體的觀念便失去了意義。」（T-25.I.7:1） 事實上，沒有人對「合一與一體」這個概念有一丁點頭緒，它聽起來很神聖，其實對我們一點意義也沒有。因此，我們無需了解它的意義，只要明白自己的分別取捨完全無法自圓其說，這樣就夠了。表面上，你我之間有很多相異之處，種族、宗教、國籍、性別、年紀、身材，事實上，我們並不因這些差異而有所「不同」；我們都來自一個神智失常的小我，都出於抵制「自己是上主的一部分」的防衛措施。這是《課程》的核心思想：我們每個人都一樣，有妄念，也有正念。每個人的妄念都一樣，每個人的正念也都相同，每個人都有相同的能力選

擇正念或妄念，而且只有這個選擇能力是真實的，其他都是幻相。說到究竟，連分裂的心靈也是一個幻相，如此而已。這個世界，亦即我們所知所見的一切，不但沒有存在的基礎，也無法自圓其說。容我再強調一次：好好地覺察自己如何想要將某些人排除在外，只是看著這一心念，不下評判即可。

然而，你會發現自己每個細胞都在排斥上述的觀念。只要你覺得自己真的活在「這裡」，只要你認為每天早上浴室鏡子裡的形象就是你（不管滿不滿意），就表示你根本不相信「大家都一樣」這種鬼話。只要你還認同身體，必然也會認同造出身體的那一整套思想體系，一個充滿批判、特殊性和恨的思想體系，一個強調分裂的思想體系。所以看新聞的時候，你若覺得自己非常平安，覺得自己愛每一個人，這時候你應該溫柔地對自己說：「我是個騙子。」

就這樣，好好接受自己是個愛下判斷的人。晚上看新聞時，容許自己對新聞有獨到的判斷，容許自己那麼重視自己的觀點，好似只有自己才是對的，不同意見的人都是錯的。然後，不帶評判地看著自己的評判，這樣

的時刻，耶穌才能助你一臂之力。寧可先假設自己是個沒心沒肺、兇殘嗜血的禽獸，也比把自己當成普愛眾生的上主之子來得有藥可救。是的，一開始就承認「只要我活在這具身體內，我就是劊子手」，你才有得救的希望。因為你不僅現在是劊子手，過去和未來也都是如此，只因我們始終想證明自己是對的，始終想證明自己的存在，始終喜歡活在這具身體裡面。

耶穌在《奇蹟課程》導言裡開宗明義地說：「本課程的宗旨並非教你愛的真諦，因為那是無法傳授的。它旨在清除使你感受不到愛的那些障礙。」（T-in.1:6~7）他在〈正文〉一再重複，這是一部**化解**的課程。救贖、修正、救恩、奇蹟、寬恕，全都是為了化解錯誤。小我總是搶著答覆問題，也老是給人錯誤的答案；聖靈才是最終的答案。我們在搞清楚問題之前，是不可能找到答案的。答案是為了解決問題的！如果連問題是什麼都搞不清楚，答案又有什麼用？〈練習手冊〉一開始就澄清了這個觀點。《課程》幫我們認出問題，然後把問題帶到答案裡，也就是所謂的「把幻相帶到真相中，把黑暗帶到光明內」。如果我們不知道自己有問

題，怎麼可能知道問題在哪裡？如果我們不知道問題在哪裡，又如何把黑暗、幻相以及問題帶到光明、眞相和答案那兒呢？

在體驗「答案」所帶給我們的愛和平安之前，我們得先深刻了解，並且好好感受問題所造成的痛苦、醜陋，其實那就是「恨」。這就是爲什麼我們必須容許自己去恨、去批判、去挑毛病、去評斷，去過一個充滿特殊關係、愛恨交織的生活。你只需要看著問題，什麼也無需做。這就是耶穌所說：「只要我們同心協力，這盞明燈便足以驅散小我的陰影。」（T-11.V.1:3）請注意，是「同心協力」！因爲只靠耶穌的話，他愛莫能助；而光憑你自己一人，也必然力不從心。但只要我們肯向他求助，就等於手持光明之燈去看小我的陰暗污穢。容我再強調一次，正視小我的黑暗就足以驅散黑暗。這就是《課程》帶來的訊息，也是它要我們操練的工夫。耶穌以此回應了我們對愛的呼求，他的答覆溫柔地化解了我們對愛的抗拒。

5 結語

　　最後，我要朗誦《天恩詩集》〔譯註〕裡的一首詩〈光明異人〉作爲結束。海倫有許多詩流露出她對耶穌的愛恨交織，這是其中一首，充滿既愛又怕的情緒。她描述自己千方百計將耶穌關在門外，對他的愛充滿畏懼。我在《歸鄉之路》「對救贖的恐懼」一章裡也討論過這首詩。

　　海倫對耶穌的矛盾情結，恰恰反映出我們面對種種人際關係的心態，尤其與耶穌的關係：我們害怕聽到他的聲音，害怕握住他的手，害怕讓他的愛進入我們心中，因爲那會徹底改變「我」；而保護「我」不被愛取代，唯一的途徑就是抵制耶穌。爲此，我們對寬恕的抗拒，其實是我們對《課程》和對耶穌的抗拒。

〔譯註〕《天恩詩集》（暫譯）（*The Gifts of God*）　1989年出版，海倫・舒曼的詩集。

幸好，無論你怎麼抗拒，都是徒勞之舉，結局終將證實「愛對愛的吸引」必會戰勝 「罪咎對恐懼的吸引」（T-12.VIII）。

　　海倫透過〈光明異人〉這首詩道出我們的心聲，也告訴我們，不論我們怎麼抵制耶穌，終將在「祂溫柔的呼喚 」中潰不成軍，我們終會憶起祂的愛，憶起自性。

光明異人

我的至愛，何其玄秘難測，

翩然而至，宛如不速之客，

雖似素昧平生，

卻攪得我失魂落魄！

視而無睹祂給我的禮物，

掩耳不聞祂溫柔的呼喚，

千方百計，只想把祂關在門外，

手中的鎖匙卻散落一地，無奈！

那深情的凝視，令我迴避不及，

我只好讓祂進來，自身卻背轉而去，

祂依舊伸出雙手，

問我，猶記得祂否？

一個古老的名字從心底破土，

有如一道金光，

將我推入無邊的寂靜安詳，

直到祂輕吐天音，

我才認出了我的主。

附錄一

抗　拒
── 要怎麼讀《奇蹟課程》才 **學不會**！

葛洛莉&肯尼斯·霍布尼克博士　合著

　　《奇蹟課程》是一部透過操練寬恕來改變心靈的課程，「抗拒」一詞雖然不常出現在《課程》裡，但它絕對是學習的重要關鍵，也唯有藉著這個字眼，才足以道出大多數奇蹟學員在修練過程所遇到的普遍現象。這個現象非常矛盾，一方面，學員無論在理智或心態上，都十分熱切想要學習並活出耶穌或聖靈所教導的奇蹟原則；另一方面，卻因心有餘而力不足，經常感到沮喪。聖保羅面對類似沮喪時，也曾經大喊：「故此，我所願意的善，我反不做；我所不願意的惡，我倒去做。」（羅馬人書7:19）相信多數靈修人士對這句名言絕不陌生。奇蹟學員投入大量心力操練內在導師或聖靈的教導，但骨子裡卻常存心抵制。本文就是要探討這個矛盾現象的癥結 ── 抗拒。

　　不論哪一學派的心理學家多半都談過《課程》所說的「**療癒過程**」，其中，佛洛依德認爲，了解「問題」和「解答」之間的複雜性十分重要，這一點和《課程》的觀點雷同。佛洛依德從早期的臨床心理分析發現，即使他已經爲病患找出發病的原因，仍然於事無補。後來，他才覺察到事實的眞相——原來病人根本不想痊癒。這個洞識爲他開啓了心理分析的新頁，他將這個現象命名爲「抗拒」。在與布勞爾合著的《歇斯底里症研究》〔原註〕一書中，佛洛依德說道：

> 這一治療瓶頸，讓我很早就明白了，我在治療時得先克服病患根本不想承認病因的心態。在精神分析治療中，「克服抗拒」成了治療的關鍵所在。

　　關於這一點，《課程》也多次提到，耶穌很清楚我們常會一邊學習、一邊抵制他的教導。我在這裡舉幾個例子，〈正文〉第三十章「作決定的準則」那一節說：

> 你若發現內心生起強烈的抗拒而又欲振乏力，

〔原註〕《歇斯底里症研究》（*Studies on Hysteria* with J. Breuer）1893 出版，第2卷，268頁。

表示你尚未準備妥當。**不要與自己交戰**。（T-30.I.1:6~7）

耶穌在〈學員練習手冊〉也一再提醒我們，他的教誨可說是全盤推翻小我的思想體系，必然會引發內心的抵制。他在〈手冊〉的導言就說明了：

〈練習手冊〉中有些觀念恐怕會令你感到難以置信，有些則有聳人聽聞之嫌。這些都無妨。……你只需記住這一點：你不用相信或接受這些觀念，甚至無需心懷好感。某些觀念還可能會激起你的抗拒心理。（W-in.8:1~2,9:1~2）

再舉另一個例子：

你的心已不算是毫無訓練的了。你已經有資格學習今天的練習方式，但你仍可能感到強大的抗拒。理由很簡單。當你這樣練習時，表示你捨棄了目前所有的信念，以及自己造出的一切想法。這其實是你由地獄解脫之道。然而，在小我的眼中，卻如同失落自我、陷身地獄。（W-44.5）

〈教師指南〉也有類似的說法，耶穌提醒學員，恐懼會緊跟著「接受他的教導」而來。底下這段話是針對「疾病來自於心理而不是身體」的原則而說的：

> 而你一定會極力抵制這種認知的，因為在你心目中，整個世界的存在皆奠基於「身體是作抉擇的主體」這一信念。（M-5.II.1:7）

上面幾段直接指出，抗拒心態和小我害怕失去特殊性與個體性脫離不了關係，因此，要從分裂之夢醒來，最後一關必須放下抗拒。

「抗拒心態」是下意識想要破壞療癒的力量，這種說法的確匪夷所思。請看佛洛依德在《業餘精神分析的問題》書中〔原註〕模仿柏拉圖的對話錄：

> 「這個現象你遲早會發現的，不管你心理上能不能接受。」
>
> 「你指的是？」

〔原註〕《業餘精神分析的問題》（*The Question of Lay Analysis*） 1926 出版，第20卷，221~222 頁。

「你一直被病人蒙在鼓裡。你不能指望他配合你，對你言聽計從，因爲他老早在你的療程中設置了種種障礙。也就是說，他根本不想被治癒。」

「不會吧？哪有這種事？我不相信。這個病人吃了那麼多苦，聲淚俱下地訴說他的問題，爲了治療不知已付出多少代價，你卻説他不想被治癒？」

「冷靜一點！不過，你説得沒錯，我就是這個意思。我説的是實情，即使不是百分之百，也八九不離十，你絕不能對此掉以輕心。病人想要被治癒，同時，他也不想被治癒。這些病人使盡吃奶之力傾訴他們的病苦；但只要有人想消除這些症狀，他們會像母獅保護幼獅一樣拚命保住自己的症狀。」

這個現象對精神分析師和治療師來說，一點都不陌生，但在靈修領域卻很少有人提起。靈修人士和精神患者一樣，都必須化解自己思想體系裡的罪咎、焦慮和恐懼，「抗拒」既然是精神患者最常見的障礙，靈修之人

豈能倖免？進一步說，認同小我是每個人在心理成長上都會面臨的障礙，那麼，化解小我不就成了靈修之路最重要的關卡？耶穌在〈心理治療〉裡提到，宗教和精神治療的目標其實相當類似：

> 宗教屬於一種經驗，心理治療也是一種經驗。到最高層次時，它們一體相通。它們雖仍不屬於真理層次，卻有導向真理的功能。若要找回真相，顯而易見的，除了撤除那些好似妨礙你覺於真相的障礙以外，還有什麼更直截了當的方法？（P-2.II.2:4~7）

〈心理治療〉所說的那種障礙就是指我們的「抗拒」。真正的治療會解除我們的自我認同，我們為了保住自我，當然會抵制治療所帶來的任何改變。（P-2.in.3:3,P-2.I.2:4~9）

由此不難看出**學不會**《課程》的關鍵因素，那就是我們對痛苦和罪咎的需求，正如耶穌在〈心理治療〉裡說的，我們緊抓著罪咎不放，視之為護身符，指望它仁慈的保護，因而警覺地防衛著（P-2.VI.1:3）。若用佛洛依德的話，就是我們心理上渴求受到懲罰：

我從精神分析的治療得到一個初步結論，病人
的抗拒是不自覺的。他不但察覺不到自己的抗
拒，連抵制的動機也一無所知。而挖掘抗拒的
動機正是我們的責任，沒想到我們找到的竟然
是病人心理對懲罰的強烈需求。這個發現不管
在臨床上或理論上都是一大突破，因為「認為
自己應該被罰」的心態，是治療過程裡最難纏
的敵人。由於生病可以很快達到受苦的目的，
難怪病人緊緊抓住症狀不放。總之，病患覺得
自己必須生病受苦的心態，是病人無法痊癒的
真正原因。〔原註〕

　　罪咎對我們的吸引力是《奇蹟課程》小我思想體系
的軸心，因為罪咎會把虛幻不實的天人分裂弄假成真。
不管是實質上或想像中的懲罰，都會讓我們隱藏的罪咎
信念顯得合情合理，並且一再地鞏固小我的存在基礎。
放掉罪咎的信念，等於要我們放棄一直信以為真的自
我，我們怎麼能不抵制到底呢？又怎麼可能不抵制那想

〔原註〕《精神分析引論新講》（*New Introductory Lectures on Psycho-analysis*）1933 出版，第22卷，108頁；《精神分析概要》（*An Outline of Psychoanalysis*）1940 出版，第23卷，178~180頁。

幫我們放手之人？耶穌談到自己的經歷時，作了以下的闡述：

> 許多人以為我在攻擊他們，其實我毫無此意。
> 瘋狂失常的學徒所學得的經驗必然十分詭異。
> 有一點你必須認清：你若拒不接受某個思想體
> 系，就等於削弱了它的力量。而相信那些觀念
> 的人便會認為你在打擊他們。這是因為每一
> 個人都把自己的思想體系當成自己，而每個
> 思想體系又以「自己是什麼」的信念為軸心。
> （T-6.V.二.1:5~9）

我們一旦覺得自己受到了攻擊，反擊回去不但理直氣壯而且勢在必行，還美其名為「自衛」。

除了自我保護之外，還有另一種常見的抵制手腕，就是想要證明《課程》錯了。小我的動機極其明顯，如果《課程》是錯的，我們便無需實踐它的教導，也不必改變小我的思考方式了。佛洛依德在劃時代的著作《夢的解析》裡提過這個怪現象，也就是病人想證明諮商師錯了的需求。他說：

這個夢有兩個動機，一個是病人希望「我（諮商師）可能錯了」。治療過程中，只要病人開始抗拒我的治療，這個夢就會出現，尤其病人初次聽到我解釋「夢是為了表達未實現的願望」的理論之後，就會激起病患作出「證明諮商師錯了」的夢，幾乎屢試不爽。事實上，我相信正在閱讀本書的讀者當中，也可能夢到我令他們感到不滿的作為，唯有如此，才能證明我是錯的。〔原註〕

若將這種抵制心態套在奇蹟學員身上，我們會看到，有些學員老是針對文字吹毛求疵，焦點一直放在**形式**上，好藉此對它的**實質內涵**視若無睹。讀過《暫別永福》〔譯註〕的讀者可能記得，我在書裡說過，筆錄最初的幾個星期，海倫就是這樣的。由於內容很長，我就不詳細敘述了，簡而言之，海倫一直質疑耶穌怎麼會犯文法上的錯誤，想藉此貶低筆錄內容的可信度。她說：

〔原註〕《夢的解析》（*The Interpretation of Dreams*）1900 出版，第4卷，157~158頁。

〔譯註〕《暫別永福》（暫譯）（*Absence from Felicity: The story of Helen Schucman and Her Scribing of A Course in Miracles*）1991出版，海倫・舒曼的傳記，肯尼斯・霍布尼克著。

這個文法上的錯誤讓我對筆錄內容的真實性感到懷疑。

耶穌的答覆簡述於此：

這些錯誤是因為你把自己的憤怒投射在你的記錄上，與它的內容無關。你因為感受不到愛而刻意寫錯，你要我看起來很蠢，才好不把我當成一回事。

也就是說，當奇蹟學員無法體驗到《課程》所承諾的正面效益，究其原因，並不是《課程》辜負了他們的期待，而是學員下意識在抵制它真正要說的話。海倫對耶穌抱怨她從未在他的教導中得到任何幫助，耶穌這樣回答她：

也許你會抱怨這課程不夠具體，不易了解，也不實用。這很可能是你沒有按照它具體的建議去做之故。本課程不玩觀念遊戲，它著重實用性。（T-11.VIII.5:1~3）

這和凱西斯對謀殺凱撒的同謀所說的話如出一轍：

> 親愛的布魯圖，錯不在命運，而在於我們自
> 己。〔原註〕

或如耶穌在〈正文〉第二十七章最後所強調的原則：

> 救恩的祕訣即在於此：你所做的一切全都是對
> 你自己做的。（T-27.VIII.10:1）

　　耶穌在《課程》裡說得很明白，光是「看到問題所
在」還不夠，解決之道在於看清自己「為什麼始終抓著
問題不放」，這一點，佛洛依德也看得很清楚：

> 早期的精神分析學，我們的確是透過理性研究
> 的方式理解病情，治療效果不佳自然會感到非
> 常失望。說真的，病人不會因為你多講多形容
> 幾次，就會記起被壓抑的創傷。此後，我們不
> 得不改弦易轍，不再像以往那麼強調「知道」
> 的重要性，轉而正視「抗拒」的傾向，就是這
> 種心態使病人對自己的病因茫然無知，同樣，
> 也因著這種心態，他會設法保護這一狀態，

〔原註〕《凱撒大帝》第一幕第二景。

而不願治癒。「**知道**」……並不能扭轉「**抗
拒**」……〔原註一〕

如何消除抗拒？……**我們必須讓它現形，讓病
人親眼看見。**……如果我說：「你看，天空有
個氣球！」比起我只說「你看天空！」幫你看
到氣球的機率會大得多。這個道理就跟老師指
導第一次使用顯微鏡的學生一樣，如果不先告
訴他要觀察什麼，即使東西就在眼前，他也看
不見。〔原註二〕

這就是《奇蹟課程》的核心教導：讓小我現形，看
看我們多麼認同小我；而學習觀看小我的過程，正是寬
恕的精神所在：

寬恕是寧靜的，默默地一無所作。它只是觀
看、等待、不評判。（W-PII.1.4:1,3）

下面這兩段可說是〈正文〉最重要的教誨，耶穌一

〔原註一〕《論治療的開始》（*On Beginning the Treatment*）1913出版，
　　　　第12卷，141~142頁。
〔原註二〕《精神分析引論》（*Introductory Lectures on Psychoanalysis*）
　　　　1917 出版，第16卷，437頁。（編按：上面引文中之粗體字，
　　　　係肯恩所註明之重點）

邊解釋讓小我現形的必要，一邊告訴我們這是治癒的先
決條件：

> 不願正視幻相的人，必然受制於幻相；因
> 為「不願面對」本身即是對幻相的一種保
> 護。……我們一起深入探討小我思想體系的時
> 刻到了，只要我們同心協力，這盞明燈便足以
> 驅散小我的陰影；你既已明白，小我並非你之
> 所願，表示你已準備妥當了。……我們會在
> 「小我的運作模式」這一課深入一段時間，只
> 因你已將它弄假成真了，若想超越過去，不
> 能不先正視它的存在。讓我們靜靜地一起化
> 解這一錯誤，方能越過錯誤而一睹真相。（T-
> 11.V.1:1,3,5~6）

> 療癒之道無他，只需清除擋在真知之前的種種
> 障礙。除非你能直接面對幻相，不再袒護，你
> 才驅除得了它們。（T-11.V.2:1~2）

　　容我再重申一次，觀看小我就是觀看抗拒，我們才
會明白自己其實多麼渴望小我而不要上主，同時看到我
們為了特殊性付出多大的代價。唯有如此，我們才有機

會眞正超越抗拒心態，找回上主的平安。

最後還要提醒大家，化解抗拒的過程需要溫柔的耐心，無法一蹴而至，這是所有資深的上主之師都有的特質，絕對不是耶穌或聖靈的專利（M-4.I.一,四,八）。佛洛依德在他的分析記錄中也指出：

> 首先，我們必須正視心理上的抗拒，尤其是長期病患更需要時間慢慢地、逐步地消除它，我們必須耐心地等候。我們得給患者一些時間，讓他有充分的機會和抗拒對話，慢慢熟悉，逐步穿越。〔原註〕

耶穌多次提醒他的學生，雖然我們活在時間的幻相中，但「透過寬恕接受救贖」的過程仍是需要時間的。〈正文〉第一章最後一段，原本是用來教導海倫和比爾如何研讀這一資料的，耶穌要我們按部就班地操練《課程》，學習「放下小我（方法），回到上主內（目的）」，因爲他知道這類教誨必會讓我們害怕：

〔原註〕《歇斯底里症研究》（*Studies on Hysteria* with J. Breuer） 1893 出版，第2卷，282頁；《記憶，重複與修通》（*Remembering, Repeating and Working-Through*）1914出版，第12卷，155頁。

此書是一部訓練你起心動念的課程。整個學習過程要求某種程度的專注與研讀。課程的後段十分倚賴前面這幾章的基礎，切莫掉以輕心。你需要它們為你打好基礎。缺乏這個基礎功夫，課程後半部會使你望而生畏，而難以發揮大用。

正如我在前面提到的，人們常常混淆了「恐懼」與「敬畏」的心態，因此這課程需要幫你打下穩固的基礎。隨後，這課程會涉及較多直接邁向上主的方法。但你若尚未準備周全，便貿然進入那些階段，是不明智的，你很可能把敬畏與恐懼心態搞混了，如此一來，那種經驗對你可能是創傷而非福分。終究來講，療癒是上主的事。療癒的方法已經仔細解釋給你聽了。也許啟示偶爾會向你揭露一些終極景象，可是要達到彼岸，你還是得按部就班地走下去。（T-1.VII.4:1~5,5:1,7~11）

另外，在〈教師指南〉論及「信賴」的六個階段裡，提綱挈領地道出了救贖之路，耶穌特別強調學員進

入最後一個階段（進入眞實世界）所面臨的最大挑戰：

> 他以爲自己已經懂得如何發心了，如今卻發現
> 自己根本不知道那個願心爲何而發。此刻，
> 他感到自己正在追求一個可能歷經百千萬劫
> 也未必達到的境界。因此，他必須學習放下所
> 有的判斷，不論面對什麼處境，他只能捫心
> 自問：「我究竟想在這事件中得到什麼？」
> （M-4.I.甲.7:6~8）

　　總而言之，自佛洛依德開始，過去一百年來，心理
分析師與治療師都知道，動機純正並不足以讓人達到覺
醒的靈性目標，這也是每位追求靈性的朋友必須明白的
道理。唯有願意溫柔且耐心地檢視小我如何企圖遮蔽光
明，尤其是它如何抵制光明來臨的企圖，才能眞正走出
黑暗，邁向覺醒之路。〈手冊〉第一百八十五課「我要
的是上主的平安」，耶穌開宗明義的說：

> 只說這一句話，不算什麼。但眞心說出這一句
> 話，則代表了一切。（W-185.1:1~2）

　　我們何其幸運，有《奇蹟課程》的指引。它不但幫

我們找回「眞心說出這句話」的正念，鞏固了正念之
境，還苦口婆心地耳提面命：另一個部分（妄念之心）
不會帶來我們眞正希冀的幸福與平安。正因如此，唯有
聽從耶穌的請求，選擇正念，不選擇妄念，選擇聖靈，
不選擇小我，我們才能徹底消除內在因爲害怕喪失虛幻
之我而產生的抗拒。於是，我們自由了。

我們終於自由了！

附錄二

潛水者

　　六月份《燈塔通訊》的文章討論過奇蹟學員對《課程》的抵制，內心深處其實並不想懂耶穌的教導，也不願意在生活中實踐寬恕。這篇文章要進一步看看我們害怕正視「小我思想體系裡的罪咎與憎恨」的真正原因。

　　偉大的德國詩人、劇作家席勒在1797年寫下了敘事詩〈潛水者〉，非德語系的人多半透過舒伯特的歌謠而知道這故事。這是個悲劇傳說：有個年輕的侍衛接受了國王的挑戰，潛入險惡的深海取回國王擲入海底的黃金杯。冷酷的國王對歷險歸來的侍衛說：「如果你再次成功，我就把美麗的公主許配給你。」侍衛接受了這個挑戰。然而故事有個悲傷的結局，接下挑戰的侍衛從此消失在深海中。他站在懸崖即將縱身入海的一刻，彷彿預知自己的命運似的，對國王述說大海的險惡恐怖：

　　　　　我腳下是可怕的萬丈深淵，

　　　　世人不該如此挑戰神明，

　　　　　更不該渴望窺探

　　慈悲的神明用恐怖和暗夜覆蓋之地。

　　非德語系的人對席勒的印象多半來自貝多芬第九號交響曲的〈歡樂頌〉，然而他的作品對德語世界而言，卻一直是啓發知識份子的重要泉源。佛洛依德和榮格〔譯註一〕兩位大心理學家也深受席勒的啓發，榮格更特別採用這首詩來描述「窺探人性深淵」的含意。席勒這幾句詩背後的意義並不難懂，他用「**萬丈深淵**」描寫人的心理，用「**暗夜**」和「**恐怖**」形容可怕的心理防衛機制，而我們就是倚賴這套防衛機制在世上苟延殘喘的。

　　雖然佛洛依德是第一個將潛意識的陰森恐怖徹底揭露出來的心理學家，但他絕對不是第一位觀察到此一現象的人。十八世紀的德國浪漫詩人諾瓦利斯〔譯註二〕就

────────────

〔譯註一〕榮格（C.G. Jung, 1875~1961）　瑞士心理學家，精神科醫師，心理分析學的創始者，畢生致力於臨床工作。他提出「集體潛意識」理論，對心理學及精神病學產生重大的影響。

〔譯註二〕諾瓦利斯（ Novalis, 1772~1801）　德國詩人，早期浪漫派的代表人物，代表作《夜之讚歌》。

說過：「瞥見深不可測的心靈時，人們必會為之驚駭莫名。」佛洛依德透過自我分析及病人的臨床治療看見潛意識，他的確受到了驚嚇，不但用下面這些字眼形容潛意識：**恐怖、變態、原始、野蠻、邪惡、噁心、怪物、危險和驚駭**，還不時出現這類描述：**沸騰的釜鑊裡盛滿了混亂、伺機而動的妖魔鬼怪、詭異且變幻莫測之物、邪惡之靈。**

耶穌在《課程》裡常常邀請我們一起正視心靈的深淵，正視駭人的小我思想體系。說真的，那些畫面一點都不賞心悅目。罪咎除了醜陋還是醜陋，它只不過反映出，小我自以為犯下了滔天大罪，不但謀殺了上主，還將祂的兒子釘在十字架上。底下這三段引文，描述小我惡毒的謀殺心態所編織出來的罪咎世界。讀者請當心，這些描繪可能令人作嘔：

> 恐懼的使者接受的是恐怖訓練，當它們受主人徵召時，常常戰慄不已。即使對自己的盟友，恐懼照樣手下不留情。那些使者滿懷罪咎地溜出去，饑渴地搜尋罪咎；因它們的主人是以挨餓受凍的方式磨出它們的凶性，只准食用它們

帶回給主人之物。沒有一絲罪咎能逃過它們饑
渴的目光。它們無情地四處搜尋罪的蹤跡，一
看到有情生命便直撲上去，不顧獵物的哀號，
拖回給主人大快朵頤。因它們帶回的都不外乎
皮相與血肉層面的消息。它們奉命只去尋找可
朽的生命，回來時，嘴理塞滿了腐敗腥臭之
物。它們以爲那些東西能減輕自己的饑渴之
苦，因而視之爲珍饈美味。它們已被恐懼折
磨得六神無主，爲了逃避主人的懲罰，不得
不把自己心愛之物獻回派遣它們的主人。（T-
19.IV.一.12:3~7,13:2~5）

恨是十分具體的。它不找到攻擊對象是不會罷
休的。仇敵在它的眼中必然具有某種外形，是
它摸得到、看得到而且聽得到，最後還能殺得
掉的。瞋恨一旦選中了對象，必會置之於死
地，……恐懼是個無底的深淵，它眼光所及之
物，都會被它吞噬；它還會在每件事物上看到
自己的影子，最後，矛頭不得不轉向自己，同
歸於盡。

> 你若視弟兄為一具身體，就等於視他為恐懼的
> 象徵。他必會加以攻擊，因為他會看到自己
> 的恐懼正站在對面，隨時伺機攻擊，叫囂著
> 要與他復合。不要低估了恐懼必然反射出來的
> 強烈怒火。它憤怒地嘶吼，瘋狂地張牙舞爪，
> 想要逮住那造出它的人，將他一口吞噬。（W-
> 161.7:1~8:4）

有誰能忍受如此恐怖的內心世界？難怪我們這麼需要防衛機制來幫我們抵擋！小我承諾，只要我們聽從它的「好主意」，逃到它打造的物質世界（一個用身體、特殊關係和死亡組成的恐怖家園），它就不讓我們受到「**萬丈深淵**」的威脅。這個物質世界既然存在於罪咎的心靈之外，只要認同了外在世界，必然有助於跟內在的罪咎世界拉開距離，帶來「紓解」和「安全感」。《課程》多次談到「小我的問題和它自行尋找的出路」，就是所謂的「兩個夢境」：用世界的夢境（身體）來覆蓋小我陰森的夢境（心靈）（T-27.VII.11:4,12:6）。借用席勒詩的意象來形容，就是用恐怖的外在世界包覆內在令人戰慄的萬丈深淵。如此一來，小我等於在它不想讓我

們看見的東西上頭，加了雙重的防護罩。在這一對有如
孿生的恐怖世界下面，隱藏著小我不可告人的恐懼——
它真正怕的是，我們有朝一日認出上主的愛，看到那才
是自己的真面目與真正的家，也就是聖靈反映在我們分
裂心靈中的真相。然而，我們如果不敢穿越兩個夢境的
世界，就完全無法自夢裡醒來，無法回到愛中。《天恩
詩集》有一段散文詩，將海倫害怕看見第一個夢境的心
態描寫得淋漓盡致：

　　世界之夢能暫時滿足充滿恐懼的夢者，讓他們忘記
「第一個夢境」（即心靈層次的罪、咎、懼之夢，也就
是席勒所說「可怕的萬丈深淵」），然而恐懼之禮仍會
來臨。這份看似撫慰人心的虛幻禮物成了夢者的護身盔
甲（即席勒所說「用暗夜和恐怖覆蓋之地」），它成了
保護自己不從夢中醒來的利器。夢者若欲醒來，他不能
不重新憶起「第一個夢境」。

　　我們不知道恐懼其實是自己妄想出來的，還嚇得躲
到物質世界庇身，躲到一個充斥著虛幻不真、雖生猶死
的地方，我們被恐懼逼得愈逃愈遠，就愈加認不出掩藏
在兩個夢境之下的心靈真相；而我們之所以認不出人生

激流底下不可告人的夢，癥結就在於我們不願意潛入海底。然而，根據心理學的定律，未曝光的潛意識只會在裡面腐爛，不斷用醜惡的手法操控我們的日常生活。我們對自己的批判、「隱秘的罪咎、深埋的怨恨」（T-31.VIII.9:2），再藉由判斷、譴責、批評和指責而投射到外面去，凡此種種，都只是我們「無法寬恕自己」的後遺症而已。

> 這念頭會保護它所投射之物，扣緊鎖鏈，使那
> 層扭曲變得更加隱蔽，難以捉摸，不易質疑，
> 且與理性背道而馳。（W-PII.1.2:3）

榮格引用席勒的四句詩來形容小我，正是小我以恨為動力的「毀滅性的寬恕」之最佳寫照（S-2.二），人們自以為是的愛、寬恕和平安，其實是把潛意識的恨投射到世界。很不幸地，從古到今，許多宗教和國家往往高舉愛、寬恕和平安之名，卻用鮮血貫穿歷史長河。回顧這一現實的「悲劇下場」歷歷在目，我們絕不可低估，歷盡滄桑的世界也在為那些悲劇作證（T-3.I.2:3）。為此，我們必須看清潛藏的恨所夾帶的破壞力量，才可能扭轉這世界的命運。我們若還不肯踏實地操練寬恕功

課，不願意請求聖靈修正錯誤思想，不學著接受救贖，就等於邀請小我用外表體面卻同樣虛幻的靈性和宗教，將罪、咎、懼和恨包裝起來。然後，我們會自以為立足於正道正義之上，渾然不覺自己早就把一鍋煮得沸沸騰騰的恨隱藏在意識之下了。

耶穌教我們《奇蹟課程》，其實是要我們當個潛水者，他請求我們握著他的手，溫柔而小心翼翼地潛入小我思想體系的深淵。耶穌要我們懷著他的愛，面對心內的狂瀾，一如席勒詩中描繪的「充滿罪咎懼與謀殺的驚濤駭浪」，所謂「慈悲的神明用恐怖和暗夜覆蓋之地」，是指活在形相世界的我們如何受盡特殊性與仇恨的煎熬。這是我們接受聖靈指引的唯一方式，明白我們是如何從分裂而沉淪的，然後和他一起沿著先前瘋狂的沉淪軌跡，一級一級向上回溯（T-18.I.8:3~5；T-28.III.1:2）。寬恕的功課，就是請我們不帶批判地正視這個被罪咎陰影籠罩的世界——這個充斥著特殊關係的陰暗世界，其實是我們內心世界的倒影。被罪咎控制的世界是這樣的：

上主之子讓罪咎進入了自己心中，這是天人分

裂之始；那麼，當他接受救贖之際，自然成了分裂的終結。你眼前的一切乃是被罪咎逼瘋的心靈妄想出來的世界。只要仔細端詳一下世界，你便明白此言不虛。因為世界確是懲罰的具體象徵，它的運作法則好似全受死亡控制。孩子們在痛苦中誕生，歷盡滄桑地活下去。痛苦伴隨著他們成長，他們所學的盡是悲傷、分離與死亡。他們的心靈好似囚禁在頭腦裡，身體一受到傷害，腦力就隨之減退。他們很想愛人，然而，一生不是遺棄別人就是被人遺棄。他們好似隨時都會痛失所愛，沒有比這更瘋狂的信念了。他們的身體日漸衰頹，一口氣接不上來，便是黃土一坯，重歸虛無。任誰都會感到造物主何其不仁。（T-13.in.2）

小我的思想體系即是抵制聖靈修正的一套防衛系統，每當我們握著聖靈的手，讓祂帶領我們深入小我的思想體系，這時，恐懼的化身（小我）為了自保，必會反擊。我們自知心內有片陰暗之地，《課程》教導我們，必須正視這一黑暗面，而小我的應對之道則是恐嚇我們，它說我們如果敢跟它照面，下場就會像希臘神話

看到「梅杜莎」之人一樣，立刻變成石頭〔譯註〕。為此，我們必須看穿小我這套抵制的把戲，否則永遠不敢踏出下一步，最後必然落入小我「毀滅性的寬恕」。換言之，我們會把攻擊的舉動視為愛、寬恕，甚至視為平安，絲毫認不出聖靈所給的真正平安。底下這幾段描述了小我引發恐懼和煽風點火的伎倆：

> 當你愈來愈接近那個「源頭」時，你會開始害怕自己的思想體系瀕臨毀滅，那種恐懼與死亡無異。(T-3.VII.5:10)

> 因此，每當你以愛心與人互動之際，小我很可能大肆攻擊你，因為它早已斷定你沒有愛心，而你竟然違反了它對你的評論。只要你的意向與它對你的看法不符，小我便認為你居心叵測而攻擊你。這時，它的猜忌狐疑會頓時轉為心狠手辣，因為它反覆無常的本性會變本加厲。(T-9.VII.4:5~7)

> 光明一臨近，你便即刻躲入黑暗，迴避真相；

〔譯註〕梅杜莎（Medusa）　希臘神話中之蛇髮女妖，被智慧女神雅典娜施以詛咒，任何直視梅杜莎雙眼之人都會變成石頭。

有時你會退縮到比較輕微的恐懼中，有時你會
陷入劇烈的恐怖裡。（T-18.III.2:1）

小我高聲命你不要往內去看，否則你會親眼照
見自己的罪而遭天打雷劈，以致失明。你相信
了它的話，故從不往心裡去看。……但小我卻
大聲警告那是你最該擔心的事；它不斷耳提面
命，而且震耳欲聾。（T-21.IV.2:3~4,6）

夢境離不開它的源頭，而「源頭」就是夢者的
心；夢境的起點既是心靈，故也只能在此下手化解（T-
27.VII.12:6）。幸好，我們可以與耶穌一起往內去看，
看清這恐懼根本是自己捏造出來的：小我並不是一股呼
嘯旋轉的混亂與邪惡能量，它就像《綠野仙蹤》裡的女
巫，當「真相」輕輕地浮現，她就消逝無蹤了。同樣
的，我們也只需將念頭一轉，把眼光從小我轉到聖靈，
小我那一套思想體系立即顯得虛幻無比。耶穌鼓勵我們
仔細端詳「祕密夢境」（T-17.IV.9:1），不用害怕夢裡的
幻影：

即使你一眼看到恐懼之源，也切莫害怕，因你
已明白，那恐懼其實虛幻無比。（T-11.V.2:3）

不要害怕往內去看。小我告訴你，你心內只有一片漆黑的罪咎，不要去看。反之，它要你把眼光轉向弟兄，去看他們的罪過。只有甘於盲目之人才會這樣去看的。因為只有怯懦得不敢著眼於自心光明的人，才會往暗處去看那群有罪的弟兄。你心裡其實並非你想像的模樣，更不是你心目中那副德性。你內在的神聖印記，值得天父對你全然信任。你豈能在上主明知純潔無罪之處看到罪咎之雲？你只可能否定祂的真知，但你無法改變真相。現在就去瞻仰祂置於你內的光明吧，學習看出你所害怕的那個東西其實早已被愛取代了。（T-13.IX.8:1~7,11~13）

只要我們肯將耶穌的愛當作護身符和指引，移轉看待人我關係的眼光，一躍而入心靈的深淵，我們會逐漸明白，那裡什麼都沒有，沒什麼好怕，也沒什麼好防的。這時候，我們才會明白，無需在這個世界尋找黃金杯和美麗的公主，我們本來就有，他們就在我們的心靈中；這一切只靠我們「接納」，而非「贏得」。然後獻上感謝，因為我們無需付出任何代價，只需放棄**虛無**。（T-16.VI.11:4）

奇蹟資訊中心
出版系列：

《奇蹟課程》
（A Course in Miracles）——新譯本

《奇蹟課程》是二十一世紀的心靈學寶典，更是近年來各種心理工作坊或勵志學派的靈感泉源。中文版已在 1999 年由若水譯出，並由作者海倫·舒曼博士所委託的「心靈平安基金會」出版。

新譯本乃是根據「心靈平安基金會」2007年所出版的「全集」，也是原譯者若水在「教」「學」本課程十年之後再次出發的精心譯作。全書分為三冊：第一冊：〈正文〉；第二冊：〈學員練習手冊〉；第三冊：〈教師指南〉、〈詞彙解析〉以及〈補編〉的「心理治療」與「頌禱」二文。新譯本網羅了《奇蹟課程》所有的正式文獻，使奇蹟讀者從此再無滄海遺珠之憾。（**全書三冊長達 1385 頁**）

《奇蹟課程》
〈學員練習手冊〉新譯本隨身卡

《奇蹟課程》第二冊〈學員練習手冊〉共三百六十五課，一日一課地，在力求具體的操練中，轉變讀者看事情的眼光，解開鬱積的心結。

若水由十餘年的奇蹟課程教學審譯經驗出發，全面重譯這部曠世經典。新譯版一本經典原文的精確度，語意更為清晰，文句更加流暢。精煉再三的新譯文，吟誦之，琅琅上口，饒富深意，猶如親聆J兄溫柔明晰的論述，每天化解一個心結，同享奇蹟。

為方便現代人在忙碌生活中操練每日一課，經三修三校的重譯版，首度以隨身卡形式發行，以頂級銅西卡精印，紙版尺寸 8.5 × 12.6 公分，另有壓克力卡片座供選購。（**全套卡片共 250 張**）

奇蹟課程導讀與教學系列

《奇蹟課程》雖是一部自修性的課程，只因它的理論架構博大精深，讀者常易斷章取義而錯失精髓，故奇蹟資訊中心陸續推出若水的導讀系列、米勒導讀，以及一階理論基礎及二階自我療癒DVD、其他演講錄音或錄影教材，幫助讀者逐漸深入這部自成一家之言的思想體系。

若水導讀系列

(一)《創造奇蹟的課程》（**全書 272 頁**）
(二)《生命的另類對話》（**全書 272 頁**）
(三)《從佛陀到耶穌》（**全書 224 頁**）

若水在這三冊中，解說《奇蹟課程》的來龍去脈與理論架構，透過問答的形式，說明崇高的寬恕理念如何落實於生活中；最後透過《奇蹟課程》的理念，闡釋佛陀和耶穌這兩位東西方信仰系統的象徵，在實相裡並無境界之別，而只有人心的「小我分裂」與「大我一體」的天壤之隔。

米勒導讀

《奇蹟半生緣》

一位慧心獨具卻不得志的記者，三十多歲便受盡「慢性疲勞症候群」的折磨，群醫束手無策，他在走投無路之下，不禁自問：「究竟是誰把我這一生搞得這麼慘？」

《奇蹟課程》讓他看到，自己竟是一切問題的始作俑者。他對這一答覆百般抗拒，直到有位心理治療師對他說：「恭喜你！你若讀得下這本書，大概就不需要心理治療了！」

《奇蹟半生緣》全書穿插作者派屈克·米勒浮沉人生苦海的經歷，但他並不因此獨尊自身的經驗和詮釋，而以記者客觀實証的精神，遍訪散居全美各地的奇蹟講師與學員，甚至傾聽圈外人的質疑。本書可說是一部美國奇蹟團體的成長紀實。（**全書 319 頁**）

奇蹟課程有聲教學教材

奇蹟資訊中心歷年發行《奇蹟課程》譯者若水的演講錄音或錄影光碟，將《奇蹟課

程》的抽象理念與現實生活銜接起來，幫助讀者了解《奇蹟課程》的精髓所在，是奇蹟學員不可或缺的有聲輔讀教材，由於教材內容每年不盡相同，欲知詳情，請上網查詢。

www.acimtaiwan.info 奇蹟課程中文網站
www.qikc.org 奇蹟課程中文部簡体網

肯恩實修系列

《奇蹟原則50》

許多讀者久仰《奇蹟課程》之盛名，興沖沖地讀完短短的導言後，就忡忡在一條一條有如天書的「奇蹟原則」之前。讀了後句忘前句，「奇蹟」的概念好似漂浮在字裡行間，始終無法在腦海中落腳，以至於閱讀了一兩頁之後便後繼無力，難以終篇，竟至棄書而逃。

「奇蹟原則」前後五十條，其實是整部課程的濃縮，若無明師指點，讀者通常都不得其門而入。於今多虧奇蹟泰斗肯尼斯旁徵博引，以深入淺出而又幽默的答問形式，將寬恕與奇蹟的精神落實於生活中，為初學者乃至資深學員提供了一個實修的指標。（全書209頁）

《終結對愛的抗拒》

追尋心靈成長的人，學到某個階段往往面臨一個瓶頸：儘管修習多年，一遇到某種挑戰，就不自覺地掉回原地，因而自責不已。問題到底出在哪裡？

佛洛依德在他的臨床經驗中，驚異地發現，病人的潛意識中有「拒絕療癒」的本能，肯尼斯根據《奇蹟課程》的觀點，犀利地剖析人們「拒絕療癒或轉變」的原因，又仁慈地為讀者指出穿越小我迷霧的關鍵，由停滯不前的窘境中突圍。對於追尋心靈成長和平安的人而言，本書不但有提點指授的功效，更有當頭棒喝的力道。（全書109頁）

《親子關係》

坊間論及親子問題的書籍可謂汗牛充棟，泰半繞在親子關係複雜且微妙的糾結情懷，唯獨肯尼斯·霍布尼克不受表象所惑，借用《奇蹟課程》的透視鏡，澈照出親子之間愛恨交織的真正關鍵。

本書表面上好似在答覆「如何教養子女」、「如何對待成年子女」以及「如何照顧年邁雙親」等具體問題，它其實是為每一個人點出我們在由「身為兒女」，到「照顧兒女」，繼而「照顧雙親」的艱苦過程，以及我們轉變知見時必然經歷的脫胎換骨之痛。（全書238頁）

《性‧金錢‧暴食症》

在紛紜萬象的世界裡，性、金錢與食物可說是人生問題的「重頭戲」，最易牽動小我的防衛機制，故也最具爭議性。作者肯恩沿用《奇蹟課程》中「形式與內涵」的層次觀念，針對性、金錢等等所引發的光怪陸離現象（形式），揭露它們背後一貫的目的（內涵）——小我企圖藉無止盡的生理需求，抹滅心靈的存在，加深孤立、匱乏、分裂等受害感，最後連吃飯、賺錢與性交都可能變成一種攻擊的武器。

肯恩與學員的趣味問答，反映出我們日常是如何受制於這些生理需求的；然而，我們也能藉聖靈之助，將現實挑戰化為人生教室，將小我怨天尤人的陰謀，轉為寬恕與結合的工具。（全書196頁）

《仁慈——療癒的力量》

這是一部針對奇蹟教師及資深奇蹟學員的實修指南。全書分上下兩篇，上篇列舉奇蹟學員常有的現象，例如以奇蹟之名攻擊他人，或以善意為由掩蓋自己批判的心態；下篇探討如何用仁慈的眼光來看待自己與他人的缺陷，教我們將自身的限制或缺陷轉為此生的「特殊任務」，在人間活出寬恕的見證，成為聖靈推恩的管道。（全書251頁）

《逃避真愛》

本書是針對道理全懂卻難以突破的資深學員而寫的，它一針見血地指出，綑綁我們修行腳步的，不是世界的黑暗，也非人間的牽絆，而是自己打造出來的一道心牆。

只因我們深怕真愛會消融了自己的特殊性，故把心靈最深的渴望隱藏到心牆之後，與之「解離」，在人間展開一場虛虛實實又自相矛盾的追尋。一邊痛恨小我的束縛，一邊又忙著為小我說項；以至於內心有一部分奮力向前，另一部分則寧可原地觀望。藉著裝傻、扭曲、辯駁，把回歸真愛的單純選擇

渲染成複雜又艱深的學問。

《逃避真愛》溫柔地解除了人心無需有的恐懼，讓我們明白心牆的「不必要」，陪伴我們無咎無懼地跨越過去。（全書156頁）

《假如二二得五》

從古至今，多少人心懷救苦救難的大志，傾注一生之力貫徹自身理想，卻往往受現實所囿而終不能及。我們這些凡夫俗子，亦不乏拼搏自救之心，然而在現實面前，還是屢屢敗陣，活得憋屈而無奈。問題究竟出在哪裡？

對此，本書剴切提出：整個世界其實一直按照2＋2＝4的「鐵律」來運作，萬物循著固定的軌跡盈虧盛衰，一切可謂「命中註定」，無怪乎歷史上的種種救世之舉皆以失敗告終。然而，《奇蹟課程》識破世界的詭計，小我既然使出2＋2＝4的苦肉計，它便祭出2＋2＝5的救贖原則，破解小我編織的羅網，溫柔地引領我們走出世界的幻境。本書即是教導我們，如何在貌似2＋2＝4的世界活出2＋2＝5的生命氣象，而且更進一步，迎向天地間唯一真實的等式1＋1＝1。（全書171頁）

《駱駝・獅子・小孩》

本書書名出自德國哲學家尼采的代表作《查拉圖斯特拉如是說》裡的「三段蛻變」——駱駝、獅子、小孩。這則寓言提綱挈領地勾勒出靈性的發展過程，尼采的幾項重要論點，包括強力意志、超人、永劫輪迴，也在肯恩博士精闢的詮釋之下，與奇蹟學員熟悉的抉擇心靈、資深上主之師、小我運作模式等觀念相映成趣。

肯恩博士為奇蹟學員引薦這位十九世紀天才的作品，企盼在大家為了化解分裂與特殊性而陷入苦戰之際，可以由這本書得到鼓舞和啟發。我們終將明白，唯有「一小步又一小步」的前進，從駱駝變成獅子，再進一步蛻變為小孩，不跳過任何一個階段，才能抵達最後的目標。（全書177頁）

肯恩《奇蹟課程釋義》系列

《奇蹟課程序言行旅》

如果說《奇蹟課程》是一首曠世交響曲，《序言》便奠定了整首樂曲的氣質與基調，不僅鋪敘出奇蹟交響樂的關鍵理念，還將讀者提昇到奇蹟形上思想的高度和意境，堪稱《正文行旅》最佳的暖身之作。

肯恩有如一流的樂評家，領著讀者，在宏觀處，領受樂章磅礡的主旋律，在微觀處，諦聽暗藏其中的千百種變奏，致其廣大，盡其精微，深入課程之堂奧，回歸心靈之家園。（全書121頁）

《正文行旅》（陸續出版中）

《奇蹟課程》在人類靈性進化史上的貢獻可謂史無前例，而《正文行旅》乃是《奇蹟課程釋義》三部曲的完結篇。肯恩由文學，詩體，音樂三重角度，依循各章節的主題，提供了「重點式」以及「全面性」的導覽，幫助學員深入奇蹟三昧，沉浸於智慧與慈悲之海。

這部行旅可說是肯恩一生教學的智慧結晶，奇蹟學員浸潤日久，必會如他所願：奇蹟，發自心靈，必將流向心靈。（第一冊335頁）

《學員練習手冊行旅》（陸續出版中）

整套《奇蹟課程釋義》的問世，可說是無心插柳。1998年起，肯恩應學生之請，為〈學員練習手冊〉做了一系列的講解，基金會將研習錄音增編彙整為逐句詮釋的〈練習手冊行旅〉。此案既定，〈正文行旅〉以及〈教師指南行旅〉應運而生，為奇蹟學員提供了最完整且精闢的修行指針，訂名為《奇蹟課程釋義》，幫助學員將〈正文〉理念架構所引伸出來的教誨，運用到現實生活中。這三部《行旅》，可說是所有踏上奇蹟旅程的學員最貼心的夥伴。

《學員練習手冊行旅》的宗旨，乃是幫助奇蹟學員了解三百六十五課的深意，以及它們在整部課程中的作用。更重要的是，幫助學員將每日一課運用於現實生活中，否則《奇蹟課程》那些震古鑠今之言可謂枉費唇舌，徒然淪為一套了無生命的學說。（第一冊346頁，第二冊292頁，第三冊234頁，第四冊337頁）

《教師指南行旅》
（共二冊，含《詞彙解析行旅》）

〈教師指南〉是《奇蹟課程》三部書的最後一部，它以「如何才是上主之師」為主軸，提綱挈領地梳理出〈正文〉的核心觀念，全書以提問的形式鋪敘而成，為其他兩部書作了最實用的補充。

肯恩在逐句解說〈教師指南〉時，環繞著兩個主題：「個別利益」對照「共同福祉」，以及「向聖靈求助」。因為若不懂得向聖靈求助，我們根本學不會「共享福祉」這門功課。當然，全書也穿插不少副題，如「形式與內涵」、「放下判斷」等等，就像貝多芬的偉大樂章那樣，不時編入數小節旋律，讓主題曲與變奏曲銜接得更加天衣無縫。肯恩說：「我希望藉由本書讓學員看出，耶穌是如何高明地把他的基本訊息串連為一個整體，一如交響樂以主旋律與變奏曲那般交叉呈現、迴旋反覆地將我們領上心靈的旅程。」（第一冊337頁）（第二冊310頁）

其他出版品

《寬恕十二招》

《寬恕十二招》的作者保羅‧費里尼，有鑒於人們的想法與情緒反應模式，早已定型僵化，成了一種「癮」，不是一朝一夕可以化解得掉的。因此，他將《奇蹟課程》的寬恕理念，分解為十二步驟，一步一步地引導我們超越自卑、自責以及過去的創痛，透過自我寬恕而領受天地的大愛。這是所有準備好負起自我治癒之責的人必讀的靈修教材，也是曠世靈修經典《奇蹟課程》的輔讀書籍。（全書 110 頁）

《無條件的愛》

作者保羅‧費里尼繼《寬恕十二招》之後，另以老莊的散文筆法，細細描述我們每一個人心中都擁有的「無條件的愛」。他由大我的心境出發，以第一人稱的對話方式，直接與讀者進行心與心的交流，喚醒我們心中沉睡已久的愛，開啟那已被遺忘的智慧。此書充滿了「醒人」的能量，是陪伴你走過人生挑戰的最好伙伴。（全書 215 頁）

《告別娑婆》

宇宙從哪兒來的？目的何在？我究竟是什麼？為什麼會在這裡？我要往哪裡去？我該怎麼活在這個世界裡？當你讀完本書，會有一種「千年暗室，一燈即亮」的領悟。

全書以睿智而風趣的對話談當今世局、原子彈爆炸，一直說到真愛、疾病、電視新聞、性問題與股價指數等等，讓我們對複雜詭異的人生百態，頓時生出「原來如此」的會心一笑。它說的雖全是真理，讀起來卻像讀小說一樣精彩有趣，難怪一問世便成了西方出版界的新寵。（全書 527 頁）

《一念之轉》

作者拜倫‧凱蒂曾受十餘年的憂鬱症所苦，一天早上，她突然覺悟到痛苦是如何形成又如何結束的。由此經驗中，她發明了四句問話的「轉念作業」(The Work)，引導你由作繭自縛中徹底脫身，是一本足以扭轉你人生的好書。（全書 448 頁，附贈轉念作業個案 VCD）

《斷輪迴》 阿頓與白莎回來了！

繼《告別娑婆》走紅之後，葛瑞的生活形態發生重大的轉變，也面臨了更多的挑戰。葛瑞仍是口無遮攔地談八卦、論是非、臧否名流，阿頓和白莎兩位上師在笑談棒喝中，繼續指點葛瑞如何在現實挑戰下發揮真寬恕的化解 (undo) 功能，徹底瓦解我執，切斷輪迴之根。（全書279頁）

《人生畢業禮》

本書是保羅與 Raj 在 1991 年的對話記錄。對話日期雖有先後，內涵卻處處玄機，不論由哪一篇起讀，都會將你導入人類意識覺醒的洪流。

Raj 借用保羅的處境，提醒所有在人間孤軍奮鬥的人，唯有放下自己打造的防衛措施，才可能在自己的心靈內找到那位愛的導師。也唯有從這個核心出發，我們才會與所有弟兄相通，悟出我們其實是一個生命。（全書 288 頁）

《療癒之鄉》

《療癒之鄉》中文版由美國「獅子心基金會」委託台灣「奇蹟資訊中心」出版。

作者羅賓・葛薩姜把《奇蹟課程》深奧又慈悲的教誨化為一套具體的情緒啟蒙和心靈復健課程，協助犯罪和毒癮的獄友破除心理障礙，學習處理人與人之間的衝突，調整情緒，建立自信，切斷「憤怒→攻擊→憤怒」的惡性循環。《療癒之鄉》陪伴無數受刑人度過獄中歲月。

《療癒之鄉》也是為所有困在自己心牢裡的讀者而寫的。世間幾乎沒有一人不曾經歷童年的創傷、外境的壓迫，以及為了生存而形成種種不健康的自衛模式。獄友的心路歷程給予我們極大的啟發，鼓舞我們步上心靈療癒之路。（全書440頁）

《我要活下去》

這本書不只是一本鼓舞信心的療癒指南，還是一個女人把自己從鬼門關前拉回來的真實故事。

作者朱蒂・艾倫博士（Judy Edwards Allen, Ph.D.）原本是成功的專業顧問、大學教授、大學教科書作者，四十歲那年獲知罹患乳癌的「噩耗」，反而成為她生命的轉捩點，以清晰、熱情的文筆，記錄了她奮力將原始的求生意念成功地轉化為「康復五部曲」的歷程。讀者會看到她如何軟硬兼施地與醫生打交道，如何背水一戰克服無助感，又如何透過寬恕，喚醒內心沉睡已久的愛與生命力。最後，她終於超越自己對生死的執著，在這一場疾病與療癒的拔河大賽中，獲得了靈性的凱旋。（全書280頁）

《時間大幻劇》

人們對於時間，存在著種種截然不同的看法，比如：時間是良藥，可以癒合一切創傷；善惡終有報，只等時候到；時間是無情的殺手，終將剝奪我們的一切……。人類早已視時間的存在為天經地義，戰戰兢兢地活在過去的懊悔、現在的焦慮和對未來的恐懼中。我們好似活在一座無形的牢籠裡，苟延殘喘，等待大限的到來。

《奇蹟課程》的泰斗肯恩博士曾說：「不了解時間，不可能讀懂《奇蹟課程》的。」他引經據典，將散落全書有關時間的解說，梳理出一個完整的思想座標，猶如點睛之龍，又如劃破文字叢林的一道靈光，讓我們一窺《奇蹟課程》的究竟堂奧（究竟

義）。此書可說是肯恩留給奇蹟資深學員最珍貴的禮物。（全書413頁）

《奇蹟課程誕生》

《奇蹟課程》的來歷究竟有何玄虛？為什麼它選擇經由海倫・舒曼博士來到人間？它的記錄方式及成書過程，與它傳給人類的訊息有何內在關係？有幸親炙此書的我們，又該如何延續奇蹟精神的傳承？

不論你只是好奇《奇蹟課程》的精采傳奇，還是有心以「史」為鑒，窮究奇蹟的傳承精神，本書都提供了最可靠的第一手資料。作者因與茱麗、海倫與比爾等人交往密切，故受這些開山元老之託，冷靜而客觀地梳理《奇蹟課程》的記錄及成書經過，佐以三位奇蹟元老的親筆自白，融鑄成一部信實可徵的《奇蹟課程》誕生史，帶領讀者重新走過五十年前那段精采神奇的心靈歷程。（全書195頁）

《飛越死亡的夢境》

本書榮獲美國出版界著名的「活在當下書籍獎」（Living Now Book Awards），全書以嶄新的視角詮釋曠世靈修經典《奇蹟課程》的教誨，為讀者剴切指出「起死回生」的著力點。

作者特別選取在人間每個角落不時作崇的「死亡陰影」入手，揭露小我抵制永恆生命的伎倆。作者以親身的經歷為奇蹟作證，並且提供了極其實用的反省練習，解除我們潛意識中對死亡的恐懼，為百害不侵的生命本質開啟了一扇門，真愛與喜悅得以流過人間，讓奇蹟成為日常生活裡「最自然的事」。（全書524頁）

國家圖書館出版品預行編目資料

終結對愛的抗拒／肯尼斯‧霍布尼克博士（Kenneth
Wapnick）著；阮靖茹、若水合譯 -- 初版 -- 臺中市：
奇蹟資訊中心，奇蹟課程，民 101.07
　　面；　　　公分
　　譯自：Ending our resistance to love : The practice
　　　　　of a course in miracles
　　ISBN 978-957-30522-9-6（平裝）

　1. 靈修

192.1　　　　　　　　　　　　　　　　　　101011822

感謝美國F.M.T.女士贊助「肯恩實修系列」之出版

終結對愛的抗拒
Ending Our Resistance to Love

作　　者：肯尼斯‧霍布尼克博士（Kenneth Wapnick, Ph.D.）
譯　　者：阮靖茹　若水
責任編輯：李安生
校　　對：阮靖茹　李安生　黃真真　吳曼慈
封面設計：YenHue Lee
美術編輯：浩瀚電腦排版股份有限公司
出　　版：奇蹟課程有限公司‧奇蹟資訊中心
　　　　　桃園市光興里縣府路 76-1 號
聯絡電話：(04) 2536-4991
劃撥訂購：帳號 19362531　戶名　劉巧玲
網　　址：www.acimtaiwan.info
電子信箱：acimtaiwan@gmail.com

印　　刷：世和印製企業 (02) 2223-3866
經銷代理：聯合發行公司
　　　　　電話 (02) 2917-8022 # 162
　　　　　　　 (03) 212-8000 # 335

定　　價：新台幣 220 元
　　　　　2012 年 7 月初版
　　　　　2020 年 9 月四刷

ISBN　978-957-30522-9-6